全国小学生校园美文精品集萃丛书

七色阳光
小少年

藏在云朵里的小天使

《语文报》编写组 编

时代文艺出版社

图书在版编目（CIP）数据

藏在云朵里的小天使/《语文报》编写组编．—长春：时代文艺出版社，2018.8（2023.6重印）

（"七色阳光小少年"全国小学生校园美文精品集萃丛书）

ISBN 978-7-5387-5945-7

Ⅰ．①藏… Ⅱ．①语… Ⅲ．①作文－小学－选集 Ⅳ．①H194.4

中国版本图书馆CIP数据核字（2018）第152164号

出 品 人　陈　琛
产品总监　郭力家
责任编辑　李荣崟
装帧设计　孙　利
排版制作　隋淑凤

藏在云朵里的小天使

《语文报》编写组　编

出版发行/时代文艺出版社

地址/长春市福祉大路5788号　龙腾国际大厦A座15层　邮编/130118

总编办/0431-81629751　发行部/0431-81629758

官方微博/weibo.com/tlapress

印刷/北京一鑫印务有限责任公司

开本/700mm×980mm　1/16　字数/153千字　印张/11

版次/2018年8月第1版　印次/2023年6月第5次印刷　定价/34.80元

图书如有印装错误　请寄回印厂调换

编 委 会

主　　编：刘应伦

编　　委：刘应伦　赵　静　李音霞

　　　　　郭　斐　刘瑞霞　王素红

　　　　　金星闪　周　起　华晓隽

　　　　　何发祥　朱晓东　陈　颖

　　　　　段岩霞　刘学强

本册主编：余振伟

副 主 编：陈志贞　陈志娇

目　录

001

听柠檬讲故事

那一抹顽强的绿

洋溢在发丝间的感动

那片深邃的海洋

一个人的路

寻找世外桃源

风铃轻轻在吟唱

　　您总是那么的和蔼，我喜欢看见您笑，您一笑时嘴巴下的白胡子就会一翘一翘的，十分有趣。然后我就咯咯地笑起来，你就更加地让胡子一翘一翘的。

隐藏在油菜花里的美丽

徐佑溢

　　清晨，迎着和煦的春风，沐浴着温和的阳光，我正推着自行车吃力地学着。两边一股股泥土气息夹杂着花香不时地飘来，沁入心脾！

　　突然，一个不平衡，我连人带车一同栽倒了。膝盖蹭破了皮，鲜血渗出皮肉汨汨流出。我疼痛难忍，泪水也禁不住流了下来。心想：老是失败，就没成功过，唉，我就是失败者，放弃吧。

　　一气之下，我把自行车丢到了一旁，流着泪抽噎起来，不由自主地顺着花香的来源走到了附近的油菜花地。春天，正是油菜花盛开的季节，远远望去，一大片一大片黄色的油菜花犹如在大地上铺上了黄色的地毯。突然间，一阵微风吹来，油菜花微微晃动，形成了黄色的波浪。花瓣被风吹起来，旋转着，犹如舞姿曼妙的黄裳仙女，悠闲自在，翩然而起，使人陶醉其中。

　　走近一看，偶然发现在花丛中有一株弱不禁风的油菜花。细细的枝干，仿佛风一吹就会被吹倒折弯。它的花瓣很小，细细点缀，甚至难以被发现。枝干已经被旁边已经成熟的油菜花挤得不成样子，我心想：它活不久了吧。

　　就在这时，一阵大风刮过，使这黄色海洋变得东倒西歪，全都垂下了腰。花瓣也不免被吹掉，铺满地面。我想：那朵小油菜花肯定逃不过这一劫。但是我错了，那朵小油菜花并没有放弃，它在强风中仍旧挺直腰板，尽管摇晃得厉害，但是仍旧凭借坚定的意志，靠着生命的韧性，再次绽放耀眼的光彩，展示卓绝的姿态，独领风骚。

这番场景，使我心境开阔起来。这朵油菜花是多么坚强，永不言弃。虽然它屈居于其他油菜花之下，但从不怨天尤人，只一个劲儿地努力生长。

我捡拾起地上被风吹落的油菜花，放在自行车上，继续练习骑车。我要珍藏这油菜花，珍藏它的美，珍藏它的坚强不屈……

这个清晨，我发现了油菜花的美丽。

爱拉二胡的外公

包晓悦

习习山风伴着悠扬的二胡在小村中回荡着……如水的月光下，外公陶醉在自己的二胡声中！

他微微眯着的双眼，清澈而又迷醉，仿佛一汪深深的水潭。如月光般流泻的琴声，似乎在悠悠地诉说着过往的悲欢。

外公酷爱二胡。一个月工资几千元，他舍不得吃，舍不得穿，却可以全部拿去买二胡。家里二胡好几把。经常三五个爱好二胡的朋友聚集在外公家，几个拉，几个唱，一起研究乐谱，热闹非凡，成了村子里名副其实的二胡演奏团了。

外公平时性子急，尤其是在吃东西时，总是狼吞虎咽，具有独特的个人风格。

元宵节时，别人吃汤圆都是细嚼慢咽，从容不迫。他倒好，直接抄起木筷往里戳，三个儿一串，跟吃串串烧一个模样。只听"嗞溜"一声，三个汤圆已下肚。

妈妈总是无奈地劝着："爸，你慢点儿吃，这种吃法对胃不好！""没办法，改不了了！"外公总会固执地反驳妈妈的好意。但很奇怪，性急的外公在二胡前，却显得格外慢条斯理。他的手法娴熟，慢慢悠悠拉着，弦声时悲时喜，时而欢雀，时而凄凉。每一次，他总会全身心融入曲调中。

前年外公生了一场大病，手术之后，外公的精神面貌差了很多，经常就宅在家里。好长一段时间，二胡都没有碰。他的好友们了解了外公的心情，几个人特地每天来外公家，要求和外公一起拉二胡。

于是，外公家的二胡声再次响起，外公的心结也慢慢解开了。他又开始变得开朗、乐观。他每天在家抄写乐谱，一本厚厚的乐谱挂在墙上，那是外公的心血和自豪。一个人无聊的时候，他总是手打节拍，哼着小调，摆弄着二胡。是二胡，让他走出了病魔的阴影，重拾生活的信心。

月光如水的夜晚，门口平台上，外公和他的好友们又拉起了二胡。小村在悠悠琴声中变得更加诗情画意了！

您可还好吗

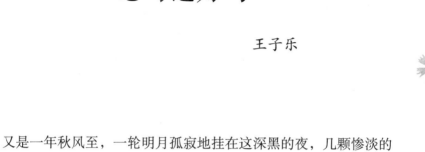

王子乐

又是一年秋风至，一轮明月孤寂地挂在这深黑的夜，几颗惨淡的星，正寂寞的闲游人间。我抬头望着那漆黑的天空，想着远方的您，泪再度迷了眼。

我还记得，那年，我三岁。您拉着我的手，我在您的臂弯下蹒跚学步，您满脸微笑，慈祥地注视着我这么一个"小不点"。您那双大手，充满爱意地轻轻抚摸着我肥嘟嘟的小脸，啧啧赞叹："啧啧啧……这小娃子，不愧是咱老孙和老王家的孩子！这可爱的哟，长大以后一定不得了哇！"我听着您的话语，虽然不知道什么意思，但还是用力地点了点头，引得全家人哈哈大笑。

我还记得，我五岁那年，那一天，正值深冬。我发了高烧，躺在床上，病魔肆虐着我的身体。您在我身旁，怒火中烧，看着爸爸妈妈，说："你俩怎么当父母的？孩子都生病了，瞧瞧！孩子都病成这样了。"说着，心疼地看着我。我没有说话，头一次那么近距离地看着您，久经风霜的脸上被时间刻上了皱纹，白色侵染了您的头发，显得十分憔悴。原本高大的身躯现在变成了瘦削的身材。我的眼角湿润了，是泪！而此时窗外飘扬的雪花，苍老如岁月染就的白发，纯净如您的心灵。

005

风铃轻轻在吟唱

我还记得，那年庭院的桃花开了又谢。您拄着拐杖，一步一步，摇摇晃晃，就像当年我蹒跚学步的模样。如今，我已恰如当年的您走路般矫健，我扶着您，就像当年您扶我。我清晰地看见，您的脸上荡漾着幸福的微笑。回到厨房，您费力地端着一碗热鸡汤，放在我的面前。我看着您，泪水涌了出来，失声叫道："外公——！"汤喝了下去，流进肺腑。汤里面有多少的亲情？多少的爱？多少的辛苦，多少的劳累？难以言尽……

又是一年秋风至，菊花依旧笑秋风，只是人不见，奈何奈何？！

外公，您可还好？

风铃轻轻在吟唱

金成潇

一阵风吹过，风铃轻轻地吟唱着，这是外公在对我说话吗？

这是一个生了锈又有些旧了的小风铃。看着它，我瞬间泪崩，"外公，我想您了，您在哪里呀——"

八年时间过去了。我仿佛还是当初的那个孩子。"咦，这是什么东西啊？""丁零零，丁零零"，你手中的东西正在作响，我瞪着好奇的小眼睛盯着你手中拿的东西。你用粗糙的双手抚摸着我的小脑瓜："这叫风铃……""只要风一来，它就会发出声音来。""真的吗？难道这个小玩意儿还会变什么魔术不成？还是那这是你编出来的一个小谎言来骗骗我吧。"我连忙抢过那个小风铃摆弄着。

我将那古铜色的小铃铛放在耳边摇啊摇，这真是世界最好听的声音！

但我是一个有三分钟热度的孩子，果然没过三天，我早就将那个风铃丢到了一边。你一定是早就猜到了这么个结局，你将它捡起来，擦干净，放在了一个精美的小盒子里。放在了柜子里。

您总是那么的和蔼，我喜欢看见您笑，您一笑时嘴巴下的白胡子就会一翘一翘的，十分有趣。然后我就咯咯地笑起来，你就更加地让胡子一翘一翘的。当然我也有惹您生气的时候，那时您的白胡子也会一动一动的，但表情却十分的严肃。我知道我做了坏事。可是过了一会儿，您就原谅了我，再次一翘一翘着你的胡子。

可是现在的您悄悄地去了另外一个世界，只留下我对您的深深思念。每次在想念您的时候，我都拿着那个风铃，静静地听着它被风吹动的声音，好像是您在对我说话，对我不停地嘱咐。

风铃在轻轻吟唱，希望在另一个世界的外公也可以听到。外公，您在那个世界可好？

007

杯中岁月悠长

蔡满伊

不眠的晚上，总会想起留给我很多思念的爷爷，总想起爷爷还坐在槐树下的躺椅上喝酒时那悠闲的样子。

"又在喝酒。"我笑着说。爷爷用爬满岁月留痕的大手缓缓捧

风铃轻轻在吟唱

起一杯酒，放在鼻间，一个深呼吸，脸上的皱纹顿时疏散开来，小抿一口，然后呼出一口气，仿佛曾经的沧桑落了一地。爷爷喝酒总是这样。在我不深的印象当中，爷爷生病住院，这期间，还一直唠叨着要抿酒，哪知一出院，不顾家里人的反对，就拿起珍藏已久的老酒就品。到后来，家里人也渐渐习惯了爷爷"无所畏惧"的胆识，毕竟爷爷喜欢。

爷爷喜欢看戏，而且每次都会带上我，虽然我什么都听不懂，但看着爷爷总是津津有味地看着，然后一脸的欣慰，那时的我也甚是满足。不知哪次，如往常一般，爷爷带我听戏，哪知晓爷爷的几个朋友在期间邀爷爷去喝酒，爷爷没多想，一点头一抬脚就爽快地走了，似是遗忘了我这个孙女，留我独自在那怔怔地听戏。被熟人带回家后，才发现爷爷当时只想到喝酒，还真忘记我了。家里人也什么都没表示，只在那摇摇头，然后一脸无奈地看着爷爷，而爷爷却在那不正经地笑："不碍事，不碍事，这不回来了吗？"对此家里人也都渐渐习以为常。

爷爷热衷于喝酒，却只以小抿为主。他虽爱喝酒，但却有个度，总不会喝到"一醉泯恩仇"的程度。

忽忆起父亲曾与朋友在餐桌上拼酒，二话不说就拿酒往嘴里灌，果不然没多久就醉了。父亲被送回家后，他躺在家门口那棵槐树底下，昏昏大睡。乡间的风携着些许酒气的微香在我鼻尖溜过。这个黄昏，对于远走他乡的双脚，对于飞上天空的翅膀，炊烟是永远扯不断的绳子，牵绊着游子的心。爷爷端来一壶醒酒茶，捧起一小杯，让父亲抿了下去，暗哑的嗓音在我耳边响彻："喝酒啊，慢慢来，做事呢，慢慢来，大不会出什么事儿的……"爷爷又抬头望向远方，悠远的歌声不想过眼云烟，而是永远留在了那个黄昏，那个贪婪的黄昏——又唱道："我本是卧龙岗散淡的人，凭阴云如反掌扭定乾坤……"爷爷站起身，抿起一钱酒，走向远方，被余晖拉长的背影逐

渐隐没在日落后的群岚之中。

　　流转的时光，映一脸的沧桑。来不及遗忘，来不及细数。眉毛这样短，思念那么长。在某个黄昏，行走在熟悉的小路上，回忆在某棵树下扑面而来。

那抹不掉的记忆

王彬垚

　　时光吟唱着"声声慢"，我挽留不住，手中余留的记忆的清香。那些温柔的微笑，那些烙印在心里的身影，都被我深藏在镂空的记忆相册中。

　　她，披着黑发，樱桃小嘴吐露芬芳，炯炯有神的眼睛被黑红花边的眼镜罩着，显得格外美丽。每天她准时出现在撒满阳光的校道上，那熟悉的身影，便深深地镌刻在我的心上。

　　我忘不掉那节英语课。老师提着粉红的电脑包，迈着轻松的脚步来到教室。她的秀发随清风的吹拂而摇摆。老师踏上讲台，放下沉重的包，拿出那崭新的英语书，说道："同学们，从今天起，我就是你们的英语老师了……"

　　听着那温婉的声音，我的内心十分舒适。她的笑容消融了隔阂。当老师念到"bag"时，忽然提出问题："这个单词是什么意思？"

　　内心激动的我不由自主地举起了手来，也伴着一丝丝犹豫。老师叫了我，我自信满满地回答："是书包的意思。"老师的话语中带着满意，称赞道："你可真棒！"这一刻，原来鸦雀无声的氛围瞬间因为我的回答而活跃热闹起来。我内心不禁思潮起伏，有一种抑制不住的兴奋。下课后，老师还特地问了我的名字。从那时起，我就莫名其妙地喜欢上了英语。

时光的温度模糊又清晰，带着愁容，惆怅徘徊。整整一年，瞬间如云烟般消散而去。她又去了别的学校。但是，我却无法忘却最敬爱的老师。忘不掉她对我的悉心教导，忘不掉她的谆谆教诲。她的身影若隐若现，在我的记忆里深深藏着。

时光已经一去不返了！抹不掉的是那温婉的声音，鼓励的目光，总能让我重新绽放出明媚的笑靥。

他的那双眼睛

王智巧

"嘟——"的一声，电话就接通了。我挑眉诧异，但依旧没有去刨根问底。

"爸，节日快乐。"我直奔主题。"嗯！"爸心情颇好。

"有没有按时吃饭啊？"沉默一会儿，还是爸发话了，"妞啊，最近学校伙食好不？"我"嗯"了一声，捂嘴轻笑，爸永远是这样，不细问我的学习情况，只关心我的身体。"那个……爸，我先挂了，要上课了。"我挂了电话便转身走开。

无暇顾及荧光屏上显示的通话时间"十九秒"，只感觉有一道热切的目光一直尾随着我。

"丁零零——"铃声响起，真的要上课了。可每一节课的大致总是相似的，面对老师提出来的问题，心里总是天人交战，尽管有了一些自己的想法，但我学习这么差，举手了大家也不会对我嘲笑吧……不管了，咬牙，举起了手。一直以来在课堂上默默无闻的"小透明"忽然举手，这可能也给老师一些讶然吧。二话不说便点了我的名字，利索地起身回答完问题，突然有一种从未有过的刺激和满足感。

自己努力进步就好，何必在乎别人的眼光？走自己的路，让别人说去吧。

可惜拥有好心情的一天，总不会有一个完美的收尾。一张数学卷子发了下来，入目的都是满满的红字，这让我感觉呼吸困难。我不得不动用强大的心情调节器调节了好久，终于找回了不服输的劲头儿。转过身问好友，好友毫不客气地敲了上来"你笨啊你，这题……"

没承想，这一幕却给爸爸看到了，他竟然很满意：只要努力了就是我的好闺女！

我活力十足的笑容，一定震撼了爸爸，闺女的内心好强大！

其实，我也有一双眼睛，一双同样能看透爸爸的眼睛。

我一切的努力，只为了给爸爸以惊喜。我只想让他知道，他的女儿就是那个打不死的小强。

想着爸爸吃惊的笑容，我傻傻地笑了。

011

父亲的口袋

支小乔

父亲年少时读书可厉害了，数理化永远第一，那年他参加高考，如果不是英语拖后腿一定会考上一所好大学的！之后，高考落榜的父亲想去当兵，却给爷爷堵死了路，因为是独生子。

父亲只好把希望装进了他的口袋。

后来哥哥和我的相继到来，父亲开始关注他的口袋。

因为诚实、公平，吸引了很多顾客，父亲的生意很红火，父亲的口袋装满了钞票。当然难免也会会被客户的抱怨的时候，但父亲的口袋装满了经验。他每天都会加班，夜里十二点多才拖着疲惫的身子回家，然后轻轻地去睡觉。

我知道，这是父亲往他的口袋里装希望。

我们的成长，伴随着父亲的操劳。交学费、买学习用品、嘘寒问暖，父亲从没落下。晚上放学后，他总会按时站在门口，把我接回家。父亲的口袋里装满了对我的关爱和理解。

记得某次，我正在考试，结果最后几分钟感到头痛，浑身无力而且发热，到医务室检查后发现是高烧，怎么办？晚上还有考试。我只好吃下退烧药，强行退烧，但这对大脑的损害是很大的。回家后，父亲知道后马上为我煎了药，不知是什么药方，第二天我的烧已经完全退去了。其实父亲也身体不舒服。我看着父亲，他的口袋里满是关心，可却一言不发。

现在的我距离考初中，只有一年时间了，时光很是飞快，在弹指间就流去了。父亲已在一天一天地变老，他越来越不如如日中天的儿子了。哥哥已经去当兵了，只留下我来实现他与大学失之交臂的梦想。

现在的他已经不如往日了，当年的数理化第一的他也做不出数学难题了。但是，父亲的口袋还是那么大，那么新，那么漂亮，承载着他多少的梦想。

看着父亲的风景画，望着那展翅高飞的雄鹰。我突然之间明白了，父亲口袋里的梦。

父亲的口袋承载着对我们的期待，我想用努力的成绩去装满它。

爱 的 感 悟

张译文

小鸭子一家生活在清澈见底的小河边，这里风景很美。

一开春，鸭子妈妈便开启了育儿第一课——游泳课，现在小鸭子们都褪去了懵懂，个个都长得强壮了。

只见鸭妈妈先做了一个标准示范。她下水前，在岸上先用力扑打翅膀，这是在进行热身动作，接着找好落水点，用力往前跑，此时一定要保持放松的状态，因为这样小河的浮力会让鸭子们浮起来。接着就可以开始游了，左脚蹼与右脚蹼缓缓地交替前行，重心要稳，所以要抬头挺胸，平视前方，如果水下有什么障碍物，千万不要慌，把头往前、往下伸一伸，重心就倒过来了，然后就可以潜水绕道而行，等鸭妈妈仔仔细细地做完示范后，小鸭们个个伸长了脖子，争先恐后地要下水呢。

鸭妈妈见状站在小鸭面前，"嘎嘎"叫了几声，仿佛在说："孩子们，跟紧我，不要做错了！"小鸭子们也"嘎嘎"地回了两声，声音此起彼伏，似乎在回答："放心吧妈妈！"鸭妈妈带着小鸭们扑腾到水里，此情此景仿佛下饺子一般呀。鸭妈妈动作轻快、灵巧，稳稳地停在了水中，不仔细辨认还以为她是一只娴静的白天鹅呢！而小鸭们好像有的没有记住刚才母鸭的做法，一个个都东倒西歪地在水里：有的过于心急，直接从岸上跳到水里，因为用力过猛直接一头扎进河里。有的小鸭胆子小，只扑打着翅膀，却不敢下水；还有一群，或来回踱步或瑟瑟发抖地抱在一起。

014

但是鸭妈妈并没有生气，也没有责怪小鸭们，而是一遍遍地领着它们重复正确的动作。第二次，失败；第三次，失败；第四次，还是失败……连小鸭们都开始气馁了，可母妈妈依旧昂着头，嘎嘎嘎，不厌其烦地一遍遍鼓励小鸭们，将要领教给它们……

功夫不负有心人，在一个星期后，小鸭子们发生了华丽的蜕变，它们个个都像成了游泳健将，队形整齐，速度均匀，抬头挺胸，跟在母亲的身后，所过之处，泛起层层涟漪，如花朵般盛开。不仅如此，它们还发明了许多花式招数：后空翻、深度潜水、仰泳都不在话下。这些都离不开鸭妈妈的辛勤教导。

看到这一幕，我不禁浮想联翩：年幼时，我们的母亲不也是这么教我们的吗？当时，我们还是一个懵懂又好动的孩子，一问三不知，更别提什么生活技能了。只有妈妈不厌其烦地教我们。

她教我们如何拿筷子、如何梳头发、如何洗脸，一遍又一遍，还教我们知识和做人的道理，循循善诱，有时我们不听话，无论妈妈如何千教万授，仍旧把事情搞得一塌糊涂。可她依然给予我们勇气，让我们在爱的沐浴下茁壮成长。

母爱，像雨水的滋润，像大树的呵护，像阳光的温暖。

母爱，让我时时感恩！

父 爱 如 山

谢 豪

爸爸是个自由音乐人，虽已到不惑之年，但颜值和智商依旧爆表。在他的熏陶下，我的梦想也是做一个像他一样的自由音乐人。

还记得我参加"出彩中国人"那会儿，导演打电话让我爸爸帮我制作音乐。当时坐在沙发上接听电话的爸爸满脸洋溢着兴奋，一结束和导演的通话，他立刻从沙发上跳起。又是拿起吉他试把位，试和弦；又是仔细聆听，将音律走向记下来；又是将旋律起伏做一个过渡……一做就是五个小时，既不休息，也不吃饭。反复修改了两次之后，可导演一会说这不行，一会说那不行，作品最终没有如愿通过。

导演的拒绝，并没有使爸爸泄气，反复推敲。在妈妈地催促下他才从创作中抽身，将不知热了几次的饭菜吃掉。即使是在餐桌上，爸爸依然沉浸在创作的世界里。

第二天放学，刚进家门，便看到书房里的爸爸又在制作音乐了。他一会儿皱皱眉头，双眼紧闭，似乎遇到了什么难题，一会儿又快速地记录起来，仿佛找到解决难题的思路……

我练习完吉他，洗漱了一番，已是晚上十点了。书房里的爸爸仍低着头研究着谱曲，我轻轻地朝爸爸说道："爸爸，现在该睡觉了！"爸爸猛地抬头，转了几下脖子，回答道："快了！你先看会儿书！"我看时间还早，便看起了课外书。

外边寂静得很，星星躲了起来。突然，一声野猫叫将我惊醒。我看了看闹钟，已经十一点半了，我对爸爸喊道："已经十一点半了，快睡觉吧！"门里传来一阵声响："你先睡吧，我还差几分钟就好了！"我只好做罢了。

次日早晨，看到爸爸的书房里灯还亮着。我急忙跑过去，发现父亲竟然还在工作，我喊道："爸爸，你昨天难道都没睡觉，一直在做音乐？"回答我的却是纯纯的音乐声，我站在那儿，热泪盈眶。

父爱如山。爸爸，儿子一定拼尽全力，去报答您对我的爱！

016

斑马线·爱·牵手

谢承翰

马路旁有一个被忽略了的动作叫牵手，大手包裹着不安分的小手稳稳地穿过马路。

贪玩仿佛是孩子的天性，因为我们总是对世界充满着好奇和不解，拿过马路来说，妈妈总是挂在嘴边的就是："真不让人省心。"我仿佛有多动症，这儿动动、那儿动动，根本消停不下来。刚开始，

她紧紧攥着我的小手，红灯亮时，她一刻都不敢马虎，反复叮咛："孩子，等会儿过马路时，千万别乱走呀！如果出危险了，可就麻烦了呀！"我学着大人的模样拍着胸口，"知道啦，我会乖乖听话的。"其实，母亲的话也像一阵西北风，仅仅只是在我的耳际吹过。

这时绿灯了，母亲紧紧地握住我的那只手依旧不肯放开，只要我有一点儿向前冲的意思，母亲就一下子把我拉了回来，还皱着眉头说："听话！"在马路上母亲的大手包裹着我的小手，兴许是怕把我弄疼，又小心地控制好力度。

"如果有车，不要慌，更不能乱跑，你就伸直手臂，将掌心对准车子，这样他们就会让你了，听懂了吗，孩子？"

"听懂了。"看着往来的车子没有一点儿迟疑地驶过，我才有些明白我们有多么弱小。终于，走过了马路，但我的母亲还不敢离开我半分，有母亲在的地方永远是最安全的！终于到达目的地，母亲一直皱着的眉头这才舒展开了，仿佛完成了一个重大的使命，她轻轻地吁了一口气。

后来我渐渐长大了，有一次过马路，我还主动握住了母亲的手，母亲也极其自然地握紧我的手，但我希望和妈妈互换角色，由我来引导自己和母亲的路。我控制好了时间，在车辆过往时正确地做出了"请礼让"的手势。但唯一不变的是，母亲还是小心翼翼地走着，就跟扫雷一样。过完马路，母亲依旧轻轻吁了一口气，只是声音比以前要小了许多。她是个谨慎的行者，似乎每一步艰难都需要用百分的努力去应对，生活也是如此。

岁月荏苒，我们的角色在偷偷地调换，唯一不变是我们这份手与手之间传递的亲情。

"母亲，来，我扶您过马路吧！"当您听到这句话时，请接受我的一番好意。这是您的儿子想通过手的温度，将爱回报！

爸爸为我盖被子

张文野

爸爸有一又大大的手，这双大手让我感受到了父爱。

我睡觉很不老实，经常蹬被子，而因此，我也常感冒。

爸妈很心疼，可也没有什么好办法，毕竟不可能有谁一晚上不睡觉专为我盖被子。

一天夜里，我照样被冻醒了。可是突然我听见有脚步声，不会是进了贼吧？我的心一下子紧绷起来。

脚步声越来越近，我努力屏住呼吸，心想：怎么办？要不要喊爸妈呢？那样他会不会伤害我？乱想一通，我决定还是一动不动躺着，看看他要干什么。

这时，门开了，那个人轻轻地走进来。突然，我的额头被一只大手给摸了摸，我差点儿叫了出来。随后我感觉到被子的温暖，哦，好像是爸爸！我一动不动，仍装作睡着的样子。那大手轻轻拍了拍被子，悄悄地走了。我终于安心地睡着了

第二天，我决定一定要看清到底是谁。晚上，我装睡着，不一会儿，他又来了。这次他的动作更加轻了。在他跨过门槛的时候，我微睁开眼看到了熟悉的身影。是爸爸！真的是爸爸！爸爸先是去窗边，把窗户慢慢地关上，接着又将窗帘轻轻地拉上，每一个动作都是那么

小心翼翼，好像生怕把我吵醒了。接着爸爸又来到我身旁，用他那温暖的大手抚摸我的额头，一股热流涌进了我的心窝，我的鼻子一酸，便紧紧握住了他的大手。爸爸似乎吃了一惊，接着故作生气地说："怎么还不睡啊？快睡快睡！"生气中却带着温柔。但我搂着爸爸的手不放，于是爸爸坐下来等我安心地入睡。

多少个夜晚里，爸爸就是这样轻轻地来为我盖上被子，生怕我着凉了。等他年老了，我也会这样照顾他！

"哑　巴"

支柱乔

没有人知道他的名字，只知道他叫"哑巴"。

从来到这里，他从未讲过一句话。

他很土气，无论是打扮还是长相。他好像也感觉到了大家的嫌弃，从来都是独来独往，也从不和别人说话。

因为古怪孤僻的举止，他获得了"独行侠"的美誉。

但没有人敢叫他这个绰号，因为这"哑巴"打架可狠了。于是大家纷纷敬而远之。

没有人知道，属于他的小村子，那里有他的爷爷和他的童年，还有一条老黄狗。就连爷爷，也很少听他讲话。他只是带着黄狗疯跑，很多次有人看见他和黄狗在打闹，笑得很灿烂。

村人只看见他哭过一次。那是一个比他大的孩子骂他为"野种", 他和那孩子打了一架。虽然那孩子比他高大, 但还是被揍得满地找牙。然而打胜了的他却哭得稀里哗啦。

再大些, 他才知道父母在很早时候就离婚了, 他被判给了爸爸。爸爸又有了自己的家, 他就跟了爷爷。

对于他来说, 爸爸就是各种费用, 开学是学费, 每月是生活费。他很少能见着爸爸。

因为没有玩伴, 他便喜欢上了读书。脑袋瓜灵光的他, 每次考的都很好。

大家还是一直叫他"哑巴", 他也不恼, 该干吗干吗。

久而久之, 他的真名杨霸只有在发奖表彰的时候才能被人听到。

他很勤奋, 他是永远的第一名。

小文, 是他唯一的朋友, 他们有时用写字交流。彼此互帮互助。

因为成绩好, 被嫉妒, 他被很多学生说风凉话, 因为有女孩子喜欢他。

幸好小文, 这个人高马大的体育委员帮他解了围。

五年级时, 爷爷去世了, 没有人陪他了。他要去他的爸爸那里。

我们送他到车站, 其实每个人都知道, 他不会再回来。

汽笛响起, 他再也忍不住了, 扭曲的面孔, 嘴巴张了几张, 终于还是喊出了: "谢谢!" 他竟然说话了。

终于他还是走了。

上周老师带来最新消息, 没有监护人的儿童, 像杨霸这样的学生, 是可以享受社区户籍待遇, 由社区资助继续完成义务教育。

今天一大早, 我们就去车站接杨霸回家。

呵　护

冯承煜

　　"滚开！老家伙！"

　　黄昏下的街道显得十分幽寂，老婆婆坐在马路边，望着远去的青年，叹了一口气……

　　老婆婆只有一只手，左手在一次行乞中被车扎断，因为没及时医治只能截肢，这无疑带给她和她的家庭一次巨大的打击。

　　天色渐晚，老婆婆拿着空碗，一步一蹒跚地向垃圾场走去——那是她家。借着昏暗的路灯，老婆婆勉强摸进家门，"咚——"屋内传来一声巨响，老婆婆一惊，立马颤颤巍巍地朝里屋跌去："老头子，唉——"

　　黑暗的房间连扇窗户都没有，老婆婆却能准确无误地将倒地的老爷子扶起生气地说着："都叫你躺着了，起来干吗呀！你腿不好，不能走！都跟你说了多少次了，等我回来……"

　　面对老婆婆的喋喋不休，老爷爷只是淡然一笑，说："我这不是没事吗？好了，忙你的去吧！把我放这就好了。"

　　目送着老婆婆出去，老爷子幽幽地叹了一口气，自言自语道："老伴儿，辛苦了，我这一把老骨头没用啊！"

　　次日一早，老婆婆喂老爷子吃完饭，便又上街去行乞。

021

"又是你，真脏！"昨日的那名青年又出现在了这条街上，在老婆婆向他伸出破碗时，他手一扬，"啪——"将碗打在了地上，硬币撒了一地。老婆婆赶忙弯下腰去捡，青年不屑一顾。正当他欲走时，一只手伸了过来，帮老婆婆捡钱，同时手的主人开口说道："大哥哥，做人要有良心。"

青年一愣，看去发现竟是个小姑娘。他脸一红，疑似尴尬，嘴上却不饶人："关你这小屁孩啥事，从哪儿来滚哪去！"说完，青年头也不回地走了。

小姑娘将硬币还给了老婆婆，说："奶奶，时间不早了，我送你回家吧！"

"不不不，孩子不麻烦你了，婆婆自己能走……"老婆婆连忙摆手。

"老奶奶，这样吧，您等一会儿！"小姑娘故作神秘，向远处跑去。

不一会儿她便跑了回来，手中拎着个纸袋，塞到老婆婆的手里，不等她拒绝便跑走了。

老婆婆回到家中，拆开纸袋一看，竟都是包子，她伸手拿了一个，眼睛湿润了。当她掰开包子给老伴儿时，竟发现包子下压着崭新的五十元钱，老婆婆的泪水决堤了，不住地念叨："谢谢！谢谢……"

有一丝温情在萦绕

叶小悦

空气飘来一丝温情，它是从哪里来的呢？

她，独自一人，坐在街边，看着过往的人群。她大概有五六十岁，身上一件较厚的军大衣，是她在这个冬天的唯一保暖品。双手不停地摩擦着，渴望那一点儿微微的能量，脚前的一个小碗是她最为重视的东西。碗里几个少得可怜的硬币，似乎也跟着她，一起在寒风中颤抖。也许你会问，她的家人呢？不知道，或许她本就是孤身一人……

忽然，老妇人站起了身，起身时也绝不会忘记带上身前的小碗。她是艰难地站起来，小碗跟着身体前后不定的摇晃。硬币在碗里发出清脆的响声。一步一步艰难地挪着，她走到一个青年人的跟前。青年人的手里拿着一把二胡，凄凉而悲伤的音乐从他手中传出。或许这就是他发自内心的呐喊吧。

你如果仔细看时会发现，这个拉二胡的青年人原来是一个盲聋人。这时那个乞讨的老妇人轻轻地将自己满是皱纹的手，伸进他平日乞讨的碗中，然后小心翼翼地，放下两枚泛着银光的硬币。"咣当"硬币落进了青年人的碗里。"谢谢，谢谢……"感谢是青年人唯一可做的事了。

青年人无法知道，是哪个好心人，给了他硬币。至少，在他睁开眼，看这个世界之前，他无法知晓。他所能做的，就是感谢每一个过往的，帮助过他的人。

寒冷中的一丝温情，在这一刻静止。眼前所浮现的，只有大屏幕上的那张的照片。老妇人，是这张照片中唯一的主角，而周围那些，靠在墙边，脸上挂着笑容的人，终究只是配角。我不知道他们心里在想什么，也不想知道。

窗外风，依旧在不停地吹着，那路边瑟瑟发抖的人也还在。但那一丝丝温情，还萦绕在空中，暖着往来的人们。也许这一点儿温情，会被人们忽视，然而，我会记得。忘了，并不可怕，只要你记得过，可怕的是，你从未感受过。

风中凌乱的人，证明那一丝温情曾经存在过。

寒冷中一丝温情，你感受到了吗?

024

听柠檬讲故事

　　柠檬说，生活本就像拉拉链，有时要做到：退一步海阔天空。这堵车本来就是一件让人心烦的事，可是这辆车却像拉链一样，退了一步，从此就畅通无阻了。

巧克力的启示

吴雨倩

我喜欢吃巧克力。

常吃巧克力的人都知道，白巧克力，外甜里苦；黑巧克力是外苦里甜。

以前，因为白巧克力入口会很甜，所以我很喜欢吃白巧克力。不过总要忍受最后那一丝丝的苦涩。

现在，我却开始喜欢那入口有一丝丝苦涩的黑巧克力，因为会越吃越甜。

黑巧克力是由苦到甜，而白巧克力是由甜到苦，这不正像人的一生吗？

有人不愿意吃苦，在最宝贵的童年时期享受安乐，到了青年时代也不愿打拼。信奉"快乐至上"，成了他们的人生座右铭，可是到了中年呢？还要一直依靠父母，享受甜蜜吗？而这碌碌无为的生活，最后也会像白巧克力一样，尝尽甜味后，留下苦涩。

有的人则毅然决然选择当黑巧克力。在童年时努力学习，在青年时努力奋斗，付出心血与汗水，虽然有些苦，但是离成功还会远吗？人生没有历经苦难，哪儿来的彩虹？哪儿来的甜美？哪儿来的收获？同学们，你是选择做黑巧克力呢还是白巧克力？

记得有一次，我要参加"楠溪杯"的三科联考。妈妈买了一本奥数让我恶补。刚开始我觉得蛮简单，可越到后面就越难，正在沮丧之时随手拿起桌上的黑巧克力，品尝一颗，它再次提醒我，没有苦，哪来甜？我打起精神，决定当一个"黑巧克力"，拼命做题，努力学习。

　　结果成功向我打开了大门，我竟得了三等奖。要知道，我的数学成绩向来不好，能拿到奖项，对我来说，已是上天对我努力的奖赏，我感激不尽！

　　大好年华里，你是选择做一颗先苦后甜的黑巧克力，还是做一颗先甜后苦的白巧克力呢？

恐惧的滋味

陈　烁

　　说起恐惧，想必大部分人都会想到"鬼"。而一次去鬼屋的经历让我充分体会到了什么叫"恐惧"。每当想起那次的经历，我就不寒而栗。

　　那天是个节日，阳光明媚，我跟爸爸坐车来到了东塔公园。公园里十分热闹，各种游乐项目挤满了排队等候的游客。其中"鬼屋"尤为热闹。好奇驱使我想去一探究竟。便买了门票，准备挑战自我。

　　推开大门，就瞧见四周的墙壁上挂着各式各样的鬼面具：有的表情狰狞；有的满脸鲜血；还有的直翻白眼……对于早有心理准备的我，这只是小儿科，心想：这有什么可怕的？于是我便大胆跨步往前走。越走，越觉得四周阴森森静悄悄的，和外面的艳阳高照完全不同，像是真的进了阴曹地府，来到另一个世界。

走着走着，忽然，身旁蹿出一个鬼娃娃，瞪着一双大大的眼睛苍白无神，嘴角还挂着一丝血迹，却诡异地笑着，一阵声音空灵又刺耳。这突如其来的意外，着实吓了我一跳，我慌忙眼睛闭上，耳朵捂住。

不一会儿，我又壮着胆子睁开双眼，却发现一片漆黑，寂静。隐隐约约，我听到"哒，哒，哒……"的脚步声从远到近，一声，一声慢慢走近，仿佛在某一个角落窥视着他的猎物，准备随时扑来。

突然桌椅在颤抖，鬼叫在回荡，地震山摇。此刻我脑子一片空白，身子在颤抖，心跳剧烈，冷汗直冒。哭声在耳边环绕，旁边的爸爸跟我说别怕，别怕。我稍微冷静了一点儿，结果发现原来是我自己在哭。

我加快脚步，希望能尽快走出鬼屋。终于到出口了，我顿时觉得豁然开朗，仿佛重获新生一般。刚才的情景真是太恐怖了，不过现在终于安全了。

迎着阳光回家，我的内心无比安详，或许见过了黑暗，才知光明的可贵，体验过了恐惧，才明白人要坚强，更要"勇敢"地活下去！

带小宝宝

陈一铭

你喜欢小宝宝吗？有没有带过小宝宝呢？小宝宝有没有在你怀里撒娇呢？

托舅妈的福，我体验了一次一个人在家带小宝宝的经历，小宝宝就是我的表弟。因为舅妈生病了，要去市里看病，所以她把才刚满一周岁的小表弟寄托在了我家。

"叮咚"门铃被人按响了，我踩着风火轮似的"飞"到了门前，打开门，立刻听到一阵"啊，啊……"的哭声，也许这是小宝宝舍不得在和舅妈的道别吧。

舅妈走后，妈妈抱着小宝宝边走边哄他："小宝不哭，小宝不哭，有糖糖吃！"可是妈妈这招似乎有点儿不管用，小宝好像根本就听不懂妈妈的话，反而哭得更厉害了，这哭声简直可以排山倒海了。我看不下去了，妈妈根本不会哄小孩嘛！于是我跑到小宝面前，本来想做鬼脸逗他，可不知怎么回事，我的鼻子就像有一片羽毛挠过似的痒，"阿——啾！"我打了一个大大的喷嚏，小宝看我这傻样，居然忍不住笑了。原来如此，我竟然误打误撞地找到了小宝的笑点。现在他一哭，我就打喷嚏给他看，这招这可灵了，我一打喷嚏他就不哭了。妈妈要出去买菜了，临走前她把小宝放在床上，对我吩咐了小宝的饮食和尿布的用法就出门了。看着妈妈远去的背影，我心想："我一定要照顾好小宝，做一个'好保姆'！"

可是过了不一会儿，躺在床上玩耍的小宝不知为什么又哭了。我使劲地在他面前打喷嚏，可是这招好像不太灵了。没办法，我使劲做出各种鬼脸，小宝好不容易止住了哭声，可是我一停，他就又哭了。怎么办，这样下去不是办法啊！我急得像热锅上的蚂蚁团团转，不知如何是好，他可能随时会把天哭塌的！突然小宝的哭声变音了，我仔细一听，恍然大悟，也许是"吃"的意思。想起妈妈临走前的嘱咐，于是我忙手忙脚地跑去厨房给小宝泡了一杯甜甜的奶粉，小宝吃着吃着，就进入了梦乡……

看着熟睡的小宝贝，我感到很欣慰。我也趴倒在了沙发上，当"保姆"可真累呀，真希望小宝能多睡会儿。

带小宝宝虽然辛苦又刺激，但看着自己弟弟开心，我也会感到十分快乐！我喜欢我的小表弟，喜欢可爱的小宝宝。

忐忑的滋味

赵姝悦

忐忑的滋味，你尝过吗？

整个下午，我情绪都不佳。整个人也是呆呆的，没有心思答题，就趴在桌子睡着了。

晚上到了培训班，我坐在座位上，才情绪转好，这才想起了下午的作业，我立马开始坐立不安。

我东张西望，四处打探，想了解其他同学作业完成的情况。可他们就像是提前串通好了一样，摇头不让看。这让我更加紧张，似一只迷途中的小鹿，眼神迷茫，等待宣判。

见我心神不安，同桌金泽慧安慰我："不会有事儿的，你瞧瞧我，从来没有被老师批评过。"她之所以这么说，是因为她一次作业也没完成过。

我跟她不一样，我向来学习积极性较高，老师对我期望也很大，万一今天被发现没有完成作业，一定会很难过。一想到老师一脸惋惜我就不安起来。

决不能让老师失望！我不由地紧握拳头。那就抓紧时间补吧！

在我开始写第二道题的时候，窗外老师的咳嗽声，吓了我一跳：坏了，坏了，老师来了。

我咬紧嘴唇，紧闭双眼，坐立不安：该来的还是会来的，自己犯下的错，自己承担！想到这，我深吸一口气，告诉自己，死也要死得壮烈！

上课了，老师开始讲例题，竟没有寻问作业完成情况。

难道昨天没有作业？这么一想，竟有一丝丝侥幸，暗暗祈祷：昨天老师压根没有布置作业。可正当我这么想时，老师竟一百八十度大转弯，突然命令道："把昨天布置的作业交上来！"

天呐，此时的我，像遭遇了一道晴天霹雳。该来的还是要来，该面对的还是要面对，心一横，死就死吧，我毅然举起手，缓缓地站了起来，带着哽咽，小心地告诉老师："老师，对不起，我作业没有写完。"那一刻，教室里格外安静，我听到自己的心跳声，喘气声，还有时钟的嘀嗒声……

"那就课后补上吧，坐下吧！"老师的话似从天边传来，我忐忑的心情刹那停止，我如被大赦了一般，忐忑的心归于平静。

当然我也知道老师简短的话语，包含了信任与原谅。

不过想来像我这样的人，是不会撒谎的。以后一定要及时完成作业，再也不让自己体会这种忐忑的滋味！

顶橘子大赛

朱子彤

最激动人心的比赛开始了，今天的橘子成了高贵的"嘉宾"，只需要稳稳地坐在人类的头上，享受高级的待遇就行了，可是这些贵宾却不是这么想的。

这不，老师把橘子放到一号同学的头上，只要一号同学顺利地带着橘子走过规定的路线，就算赢了。

一号选手大摇大摆地上场了，老师把橘子放在她头顶的正中央，她慢慢地迈开第一步，她是那么小心翼翼，可是橘子却不老实，迫不及待地想要跳下去，寻找自由。它在滚圆滚圆的脑袋瓜上，晃动滚圆滚圆的身子，想借此逃走。哪知被发夹挡住了去路，无论它怎么摇晃，都无济于事。这该怎么办呢？这时，一号选手见发现了有发夹帮忙，便放开胆子，加快了步伐，只见她身轻如燕，灵敏无比，想快就快，想慢就慢，简直做到了收放自如。很快，她轻松地跨过了宽阔的"小河"长椅，又飞快地登上巍峨的"泰山"小凳，可是当她穿过"峡谷"走廊的时候，一旁的同学们故意跳出来干扰她，或做鬼脸，或手舞足蹈，一号选手虽目视前方，努力集中注意力，不被这群"妖魔鬼怪"所打扰，但头上的橘子已开始蠢蠢欲动，看准时机，快速地穿上"降落伞"，"扑通"一声就跳了下去。一号选手看到橘子逃之夭夭，已知这次比赛失败，也不再"优雅"，爆发了小宇宙，用力地暴打着这群"妖魔鬼怪"，终于这些"妖魔鬼怪"被打得"嗷嗷"大叫、落花流水，举手投降，这惹得看客们纷纷捧腹大笑。

二号选手也踩着自信的步伐，胸有成竹地上来了，可谁知道，他刚要过"河"时，橘子就受不了他多日不洗头的臭味，憋着气跳河自尽了。紧跟着，三号选手上场了，她提心吊胆地过了"河"，但好景不长，就在要登"山"的一刹那，橘子怕是有恐高症，也自尽了。三号选手实在委屈，摆出一张"苦瓜脸"，嘟囔："我那么小心了，怎么橘子还是不听话呢？"这一副样子真让人哭笑不得！

小小的橘子，无限的欢乐，这真是一次又刺激又有趣的活动啊！

好吃不过橘子

胡哲源

"脱下红黄衣，七八个兄弟，酸甜各有味，大家都喜欢。"你们知道这是什么吗？告诉你们吧，它就是橘子。

瞧！那橘子金黄金黄的，圆滚滚的，像一个小巧的车轮子，又像一盏闪闪发光的灯笼。在太阳的照耀下，橘子散发出灿烂的光芒，美丽极了！橘子头顶上的叶子像一把撑开的雨伞，在秋雨中，橘子摇摆着，像一个个晕头晕脑的淘气的小孩子，更像一位翩翩起舞的仙子。

　　橘子的颜色有很多，有黄澄澄的，有黄中带青，还有青中带黄。它的外皮像一件外套，又像一条长长的连衣裙。

　　仔细闻闻，橘子有股淡淡的清香，让人心旷神怡。香气包裹住整个橘子。如果你用手摸一摸橘子，会感觉凉飕飕的。

　　剥开橘子那厚厚的，油亮亮的连衣裙，你会发现，里面那一个又一个小兄弟正紧紧地抱在一起说悄悄话呢！顿时，那股香气钻进了你的鼻孔。看到这里，我猜，你的口水也已经流下巴了吧。迫不及待地想塞一瓣到嘴里，一股酸甜可口橘子汁渗入了心底，让你吃了还想吃。

　　橘子不仅好吃，还可以做橘子汤、橘子粥、橘子茶……但也不能吃多，会上火的哦！

　　我喜欢香甜可口的橘子。

034

最爱橘子

支怡人

　　秋天是个丰收的季节。

　　你看那小灯笼一样的红苹果，胖娃娃一样黄澄澄的鸭梨，玛瑙般的葡萄，晶莹剔透的石榴等都挂满了果园。

　　我的最爱，则是那酸甜可口的橘子啦！

　　这不，妈妈就买了一袋橘子回来。橘子那圆滚滚的"肚子"真像一个小车轮在滚动，它的头顶上有一个像五角星的根，好像是它的帽子吧！

凑上去一闻，有股淡淡的清香。它们的形状大小不一，大的像土豆，小的像乒乓球。瞧啊，橘子青里透黄，那是太阳给她的，像被染上了金灿灿的阳光，有些橘子还带有伤疤，可能是被虫子咬了，或者是掉到地上了，这真是一只勇敢的橘子……仔细一看，上面还有一个个小黄点呢！多像夜晚那满天的繁星，一闪一闪，仿佛在向我问好。整个橘子看起来就像一个迷你小南瓜。拿起橘子冰凉冰凉的，仿佛秋风拂过，凉极了。你捏捏它，会感到软软的，真像一个弹力球，还像一个一蹦一跳的小皮球，如果不小心把它的外衣划破，手上会有许多黄色的橘子汁。这时一股浓浓的橘子香味就会充满整个房间，真是让人垂涎三尺！

　　我迫不及待地剥开了一个橘子，闻到了那熟悉的淡淡的清香，里面胖嘟嘟的橘瓣们紧紧地围拢在一起，每一瓣都像一个弯弯的小月亮。

　　老师说，橘子浑身都是宝，不但美味，而且作用非常大。它的果肉富含维生素C。它的皮晒干了，就成了陈皮，可以泡茶，有助消化。

　　我忍不住吃了一瓣，不禁眯起了眼睛："呀！好酸呀！酸得我牙都掉了！"

　　闻着满屋橘子的芳香，我多么想再吃一块，可惜不能了！

　　两三天后吃饭还没办法咀嚼呢，想来，吃橘子还要有代价的呀！

柚子的自述

刘诗好

"青瓜树，结青瓜。青瓜肚里包棉花，棉花肚里包梳子，梳子里面包豆芽。"大家好！我就是超级可爱的小柚子同学。

我十分怕冷，整天穿着一件金黄色的棉绒大衣。可是，最近一段时间，不知是我保养不好，还是我青春期到了，我的脸上长出了密密麻麻的青春痘。我虽然不像苹果小姐那样皮肤光滑红润，也不如香蕉模特身材苗条可人，但是，我天生自带的清香却会令你神清气爽！

想瞧我的果肉吗？那你就得费上九牛二虎之力了！你先要把我的"尖头"切掉，给我剃个平头；再把我的外衣均匀地划成一瓣一瓣的；接着，用手指用力把我的黄皮"大衣"掰掉。做完了这些事，你肯定会大吃一惊。现在的我就像一朵含苞欲放的荷花，又如充满正义的太阳花，和原先的样子已截然不同。只要你的心够细，你就会发现，我有十五瓣柚瓣，大家都紧紧地挨在一起，那可都是我的兄弟姐妹们。轻轻掰下一小瓣柚瓣，仔细一瞧，它就像弯弯的月牙儿，又似轻巧的小船……撕下我那薄薄的"纱衣"，里面的小颗粒就是我的果实。走近一看，那一颗颗的果实又细又长，晶莹剔透，好像耀眼的宝石，又如透明的水晶，更像无瑕的美玉，美极了！

光看不吃岂不大煞气氛？把我分成一小块一小块的，再慢慢一块一块地送入口中，一股甜甜的、酸酸的汁水就会掠过你的舌头，如清泉一般流入你的喉咙，令你浮想联翩，回味无穷！

我不但好吃，作用也很大。我的果肉含有大量的维生素C，常常食用还能清热解毒，化痰止咳呢！我的外皮可以泡茶，还能净化空气，去除异味。

我是不是很厉害呢？相信你一定会爱上我。

我的朋友桑桑

王景灏

我有一个好朋友，他叫桑桑，他很淘气。

我是一只鸽子，读过《草房子》的朋友，一定在那里见过我。

大家都说桑桑很莽撞，做事不计后果，我却以为，桑桑对朋友很仗义。

就拿上次的事情来说吧。他见我们无处安身，夏天挨晒，冬天挨冻，实在不忍心。怎么办呢？他决定给我们建一套"集体宿舍"，好让我们有个躲避风雨的住处。

于是他叫来了他的小伙伴们，回家三下五除二地就把自家碗柜拆了，制成了我们的新家。我还清楚地记得，他当时指挥伙伴做"拆迁"工作时的模样，他指指这里，手一挥，说："锯了！"然后又指指那里，说："拆了！"那姿势，那口气，很是威风，十分有魄力！尽管他后来被狠狠地揍了一顿，但在我们鸽子眼里，他就是一位英雄!

他呀，不仅为我们着想，也常常为别的朋友着想。就说那一次吧，他拿着蚊帐当渔网捉了很多虾，是为了改善家里的伙食，结果不仅被吃着虾的妹妹揭发，还被他妈妈惩罚了。可怜我的朋友，那一夜下来挨了不少蚊子的叮咬。作为他的朋友，我感到很心疼。

桑桑的仗义，我印象最深刻的一次，是保护纸月。当时几个小混混走向他，他明知自己会被揍得很惨，还是义无反顾走到混混中间。被揍的时候，顾不得鼻子流血，桑桑还让纸月赶紧跑，虽然最后被揍得很惨，但桑桑还是无怨无悔。

经过这么多事，我们鸽子家族对桑桑简直是佩服得无体投地。

我的好朋友桑桑，他可能有很多缺点，但是他为朋友两肋插刀的仗义，是谁都没有办法比的，我为我的朋友感到骄傲！

038

战　神

余晴晴

"嘭！"一声巨响之中我倒下了。

好疼！

紧接着一阵剧烈的掌声传入我的耳中。

我按着疼痛的脑袋看向四周，只见一张张惊喜的、欢呼雀跃的脸。

说出来，你有可能不相信，我是被一张纸吹倒的。

记得今天早上我的主人把我灌满了开水，并郑重地放在讲台上，对台下的学生们说："同学们今天我们做一个游戏，用一张纸把这个装满水的大水杯吹倒。"

台下发出一阵惊讶的喊声："这怎么可能。""不可能的。"看着他们那一张张不相信的表情，我的心里甚是得意。想用一张纸就把我吹倒？这也太不自量力了吧。我看向旁边那张骨瘦如柴，弱不禁风的薄纸——尽管放马过来吧。

在同学们嘈杂的讨论声中，一个瘦瘦的男孩首先上到讲台，学生们瞬间安静了下来，全神贯注地看向我们。只见那个男孩把纸立在我的身前，然后深吸一口气，鼓足腮帮子，使劲一吹！

我稳若泰山："哼，怎么样小屁孩，我可不好对付吧。"只见他狐疑地挠挠头，可能觉得力气不够吧，于是又攒足了劲吹向我——可我依旧纹丝不动。我更加得意了："怎么可能被一张纸吹倒。"他连试了几次都不成功便灰溜溜地下去了。

后边又来了几个不自量力的家伙，都是用同一种方法——无论如何都没办法把我弄倒。"嘿嘿，别说！把我吹得还挺舒服的，真是凉快！"看着台下一个个手足无措，垂头丧气的同学，真是大快我心啊。

我似乎成了一个无法打败的战神，他们个个看着我长吁短叹，"哈哈，我就是喜欢看你们那么费劲却吹不倒我的样子。"

我慵懒地躺在讲台上接受着一个又一个挑战者，慢慢地我有点儿累了，寻思着我先打个盹，反正没人吹得倒我。这时，我听见一阵轻快的脚步，一定是上来一个女生，我撇了撇嘴心想："男生都不行，你女生更吹不倒我的。"

忽然我被抬了起来，只见那女生把纸卷成了一个小圆筒，她把小圆筒对折了一下将我放了上去，嘴巴对着小圆筒使劲一吹。

"本战神怎么可能被吹……"没等我说完，我感觉脚下鼓了起来，我开始站不稳了。脚下那个小圆筒却越来越鼓，忽然我一个踉跄，身体倾斜，而我离桌面越来越近……

"嘭！"我倒了。

脸砸向桌面，"啊，好疼！"

周围响起了响亮的掌声，什么！我竟然被一张薄薄的纸给吹倒了。

我抬头看向那张把我吹倒的纸，依旧的那么弱不禁风。这一刻我明白了，凡事都不应该墨守成规，打破了那些条条框框，一张纸也是可以将装满水的大杯子吹倒的！

纸打败水杯成为传说。

可爱的小猫

王屿果

我家有一对雪白的小猫，一只叫小贝，一只叫小花，两只都非常的活泼可爱。

两只小猫都非常贪吃，有时为了争抢美食还会斗得你死我活。有一次，我在猫盘子里放了一条大鱼，小猫们见了，争先恐后地跑上来，一个咬着鱼头，一个扯着鱼尾，互不相让。小贝为了能吃到更多的鱼，整个身体扑到鱼上。小花愣了一下，往后退了几步，看到小贝津津有味地独占了整条鱼，心里很不是滋味，它就气愤地扑到小贝身上，一只前爪使劲地抓着小贝的嘴，不让小贝吃鱼。

此时的小贝是想吞吞不进去，想吐吐不出来，腮帮子鼓鼓的，样子有趣极了。小花趁机把压在下面的小贝一把推了出去，它叼起大鱼大模大样地走来走去，尾巴一甩一甩地左右摇摆，好像一位大将军在炫耀自己的战利品。小贝见了也毫不示弱，它奋力地扑上去抢鱼，但都被小花灵活地躲开了。躲闪的同时，小花飞快地把鱼肉吃了个精光，最后它把鱼骨甩给了小贝便扬长而去。小贝呢，虽然气得"喵喵"直叫，但也无可奈何，它把剩下的鱼骨上上下下仔细舔了几遍，又咂了咂嘴，可怜地看着我，好像在说："我还没吃饱，主人，我还想吃怎么办呢？"

平日里空闲的时候，我最喜欢逗它们玩，一个小线团，就可以让它们玩得不亦乐乎。我有时拿出一辆电动小汽车，小猫们看见了，不约而同地向小汽车跑去。我一按开关，小汽车停住了，小猫们都扑上去玩小汽车，为了抓住小汽车，它们都奋力地把对方推开，你推我搡，你拉我扯，于是一场世纪大战又拉开了序幕……

你说我们家的两只小猫是不是很可爱？它们给我的课余生活增添了无限的乐趣，我非常喜欢它们！

听柠檬讲故事

徐嘉楠

我是柠檬，欢迎大家来听柠檬讲故事。

那天，我那圆滚滚的身材追随着风来到了市中心的购物广场路口。

然而不幸的，我在这里遭遇了黑色星期六！

你问我怎么知道是星期六的，你看这路口，那么多的车，正在堵着！那肯定是星期六了。

堵车会怎样？每个人都会很烦躁，易怒。开车的拼命按喇叭。步行的就使劲捂耳朵。

路怒族就是这样来的。

每当这个时候，我感觉自己脑袋快要爆炸啦。我的第一个愿望就是逃离。

这时，旁边一辆车里传出的对话，吸引了我的注意力。开着车的是一个中年男人。车内还有一个孩子正拿着一个包包，看样子是想要拉上包包的拉链，但是拉链头好像被卡住了，"硬拉，会被拉坏的。"那孩子听了话便不敢再轻举妄动，然后只听那爸爸慢悠悠地说："慢点儿！往后退一下，再拉，试试。"孩子像是不太信服的样子，左拉右拉。但爸爸极其疼爱儿子，还是慢悠悠地说："别急，往后退一下，试试。"反反复复，拉了好久，那金属小拉链才都服服帖帖地拉上了。

其实，孩子在拉拉链的时候，车正堵得很。拉链拉上时，堵车也接近尾声。这时，左右两个车道的车都试图挤到他们的车前面去，他好脾气的爸爸也开始不耐烦了。但孩子这时却说："慢点儿，爸！让他们先走吧！"爸爸说了一声"好吧"，虽然很不情愿，但他还是让了一下，等旁边的两辆车子都开到他车前之后，后面的车子也谦让了，于是，他们的车子竟然真的顺利地开过了拥堵的红绿灯路口，不一会儿，他们就来到了购物广场。中年人眉开眼笑："听儿子的话，还真没错哦。"说完两个人都开心地笑了起来。

柠檬说，生活本就像拉拉链，有时要做到：退一步海阔天空。这堵车本来就是一件让人心烦的事，可是这辆车却像拉链一样，退了一步，从此就畅通无阻了。

没有一种生活是完美的，只要你愿意换一种方式或角度来对待，就会有不一样的结果。

亲爱的，在你心情烦躁时，要不要试试呀！

无价之宝

陈钇衡

掂了掂眼前金光闪闪的袋子，心中莫名激动：里面装的是钱，还是宝贝？这个袋子被我的"无价之宝"幻想染上了神秘而神圣的色彩。

打开袋子前，我伸手摸了摸袋子，发现有两个硬邦邦的东西。不会是炸弹吧？旁边还有一个尖锐的东西，但却软绵绵的，真是很神秘耶。

我迫不及待地打开了袋子。原来里面仅有两块石头，一块橡皮和一个钉子！那块石头还挺有趣，灰褐色的身子，奇形怪状，正面虽然是三角形，侧面分明是圆形嘛！摸上去，凹凸不平。橡皮和钉子也是寻常可见的，凑在一块儿，根本就"不合群"。

在袋子打开的一瞬间，鼓鼓囊囊的袋子仿佛一下子失去了所有的光泽。它的神圣、神秘，刹那间消失得无影无踪，好像一下从云端坠到了深谷。

失望的我，将那袋子放到书柜的最里面，不想再去看它。

就在这时，电话响了，是班主任老师打来的。

"雨花石原来也只是普通的石头，在经过种种磨难后，终于变成光亮的雨花石。老师希望你们也如雨花石一样，能够经得起困难挫折的打磨，总有一天，你们也会成为独一无二的宝石。橡皮能擦掉我们写错的字，我们每个人的心中都要装着一块橡皮，及时发现并改正自身的缺点和错误；我们还应该像钉子一样，有努力钻研的精神！"

听完班主任老师的话，我连忙将袋子取出来放到面前。看着那石头，我突然感觉对不起老师，满心满脑子都是吃和玩，根本就没有领悟老师的良苦用心。

礼物虽平凡，它却寄予了班主任老师对我们的真切期望，这是无价之宝。

成长的记忆

戈程可

记忆中，有这样一棵树。我不知道它立在校园中已经有多少岁月了，只记得时光在它身上刻下了道道痕迹；只记得它见证了我们的成长，留给了我们无限的回忆。而我，更是将它视为成长中的一个特别的印迹。

刚进入小学的时候，这棵树耸立在校园中央，高大挺拔。我们时常在它周围玩耍嬉戏，可以说它身上的每一根枝干，每一片树叶都是我们再熟悉不过了的。我依稀记得，我也曾用稚嫩的小手，抚摸粗壮的树干，感受着树皮的粗糙。

后来，它陪我们一起搬到了新校区。它依旧正对校门口，驻足凝望。我们也常常停下脚步，倚靠着它。望着这郁郁葱葱的密集的树叶，听着那风吹响号角，真是惬意舒畅。我们一起谈心，一起欢笑。

心头的烦恼与苦闷好像全被风儿带走了，只留下一段充满欢声笑语的回忆。

永远忘不了那一天——我要转学去外地，我最后一次和全班同学一起在那棵树前走过。那天，忧伤在暗夜里像幽幽的河水，在脚边缓缓流淌。我们在树前站了很久，聊起了过去的点点滴滴，又谈起了对未来憧憬。一想到马上要与我的这些好友分开了，真是有股说不出来的苦涩的滋味。身后的树也似乎明白了我内心的想法，默默地安慰着我——即使离开这里了也是有机会再见面的呀！

是啊，我恍然大悟——离开是暂时的，只要友谊与情谊还在，我们终会再见面的呀。我眼眶里的泪水最终还是在脸颊上滑落，但是，我的脸上挂着微笑。

045

如今我现在在新的学校已经习惯，我也很少再见到那棵树。但每当想起那棵树的时候，我仿佛看到了自己曾经幼稚的模样，想起成长中快乐的记忆。

那棵树下留下了我的成长足迹，繁茂的树冠，正是我对无限美好的期待。

岁月留痕

叶荧荧

　　她，在我有了记忆时，她就一直陪伴着我。有了她的陪伴，我的成长似乎更加多彩。

　　随着时间的推移，我是越发茁壮，而时间的刻刀却在她在的身上刻下了道道痕迹。她原来意气风发的笑容已经消失，只余下温柔和蔼的时光印章。原本白皙柔嫩的双手在这些年里，变成一双满布老茧的手。这双手，曾在黑夜时，给予我莫大的力量。

　　追溯那年，有一天晚上，我因一时冲动而与她发生了冲突，泪水爬上了我的脸颊，但在夜晚，模糊之间我看到一抹身影推开我的房门，那略带茧的指肚轻轻抚摸着我的脸颊，动作之中藏着满是轻柔。那种温柔的感觉填满了我的心房。

　　或许相较我和她之间，我才明白她要的东西并不多。她要的是一个温馨充满欢声笑语的家园。而我总提出一些乱七八糟的要求，但她总是尽全力地来满足我。我对食物和环境百般挑剔，而她却只想要一个整洁的环境、干净新鲜的食品。当我每次回到家中，她总是对我的生活百般关注，无论如何，在她的心里，我永远是她臂膀下的雏鹰。她既想我待在她的身边，又希望我能翱翔九天，寻找属于自己的天空。

　　年轻时的她风华正茂，意气风发。时间不断流逝，曾经的她甘心为了这个家而改变。她的身上可以寻到温柔的影子，却再难寻到叛逆的身影。有时候，她像一个孩子一样，在客厅里，拿着抱枕和我扔来扔去，和我一起上演枕头大战；有时候，她却异常严肃，一丝不苟，在工作时总是认真而严谨；有时候，她又非常慵懒，性格也是慢悠悠地，无论做什么事都耐着性子来，不像我带了点儿急性的脾气。无论处于何时何地，发生了什么事，她总是最能理解我心里感受的人。总在我快要"炸毛"的时候，给我"顺毛"，有了她，我的什么暴脾气都出不来了。

我一天天在长大，她也逐渐在岁月的风声中添了皱纹，曾经乌黑柔顺的发丝中，不知何时已埋下了白发的种子，逐渐滋生出几根白发。尽管时间的刻刀无情，却无法改变深埋我心中的她那风华正茂，意气风发的模样。因为我知道，她的心中始终在为我着想，关心着我，正如曾经在黑夜中抚摸我，带给我温暖的一幕。

她，是我的母亲，伴我走过匆匆岁月，这里有希冀，还有更多温暖。多希望时间走得再慢些，多希望皱纹和白发都远离她。

我爱她，母亲。

047

我们班的书神

金叙丞

书神酷爱读书。

他一有时间，就会沉浸在阅读的快乐时光里。

《三国演义》《水浒传》等名著，早就被他读了个遍。他在我们班里已经是读遍天下无对手啦！

这不，他又在读书了。只见他手捧着书，眼里闪着异样的光，眼神随着文字在游走，不时地用手指头蘸了蘸口水，翻上一页，看到精彩的之处还不由得双手一拍，高声叫道："好！"一旁不知情的同学，此时被吓了一大跳，转身看他，却见他仍旧如雕像一般，一动不动，埋头看书。

很多同学都很崇拜他。他们会模仿他读书的样子。

这不，某天校长检查，来到我们班时，看到那么多同学都在安静地读书，校长很高兴、很满意。因此在第二天的全校大会上特意表扬了我们班。班主任老师很是高兴。

可隔了两天，校长再次巡视，突然听见很响的拍桌子声，然后是更响的"好！"接着就又看到了安静的场面。

校长很是纳闷，因此多此来我们班巡视，直到后来才发现，原来是书神看得太入迷了，在拍手叫好。校长这才见怪不怪，终不惊异。

而我们是早已见怪不怪了。比如，他会猛地站起来，捧着书边走边看，"砰！"的一声撞到了门上，只见他捂着额头，蹲了下来。"没事吧！"我们很关心地问他。"没事！""干吗去？""上厕所。"快要上课了，还未见他回来。老师派人寻他。他倚在厕所门口看着书，不时地用手指头蘸了蘸口水，再翻一页。

很多继续模仿着他，书神发现了，"你们只是在模仿我的表面！"书神很犀利，"就像你们喜欢那些明星一样，只看脸！"

他说得对，我们都很羡慕他，因此而模仿他，可我们都坐不住自己的凳子。

有一天，书神出了三本作品集，让全班为他欢呼，书神不愧是书神。看样子，我们要好好努力了。

那一抹顽强的绿

　　数月之后，我就这样看到了它，它像个勇敢的战士，挺立在石缝之间，迎着阳光，茁壮成长。我简直不敢相信：它竟然成功了！我不禁想起一句诗："野火烧不尽，春风吹又生。"这顽强生命力和坚韧不拔的精神，顿时让我对这株小草肃然起敬。

那一抹顽强的绿

于泓毅

寒冬离我们远去，春姑娘迈着轻盈的步伐向我们走来。她温柔地唤醒了万物，世界呈一派生机盎然的景象……

正当我欣赏着这幅画卷的时候，一粒草籽乘着风儿落在了阳台的石缝中。我不禁好奇地联想：这粒随风而来的草籽，在既没阳光，又没水的环境下能存活吗？

之后，我忘记了它的存在。一个月以后，有一天，我去阳台上寻找东西，无意间竟发现了一抹绿色。啊，是那颗草籽。这真是奇迹。它是经过了怎样的努力与挣扎，才冒出了这一抹绿。

在草籽落入泥土中的那一刻，它便开始艰难地扎根，要努力地发芽。看着头顶上那块巨大的岩石，它觉得自己没有了生的希望。但转念一想，不试试怎么知道没希望呢？不！就算仅有一丝生的希望，也要牢牢握住！就像俾斯麦说过："如果人生的旅途上没有障碍，那还有什么可做的呢。"

它开始用一种无与伦比的力量来疯狂生长——它化身为世界上最锋利的、最尖锐的钻子在竭尽全力地钻着岩石，钻着阻挡希望的屏障。"砰！"的一声，渺小但却坚定有力，小草已经钻破坚硬的石砖，冲出拥挤的夹缝，在稀有的土壤中扎稳了根！它兴奋不已，迫不及待地破土而出，贪婪地享受着阳光的沐浴。

数月之后，我就这样看到了它，它像个勇敢的战士，挺立在石缝之间，迎着阳光，茁壮成长。我简直不敢相信：它竟然成功了！我不禁想起一句诗："野火烧不尽，春风吹又生。"这顽强生命力和坚韧不拔的精神，顿时让我对这株小草肃然起敬。

透过这棵小小的草儿，我看到的都是渴望生存的眼神，还有那熠熠发光的精神。

生命的渴望

朱一韩

为什么我存于这世间，所谓的生命到底是什么？

我走在山坡上，无意中发现了它的身影，是那么的娇小。土地开始震动。不，在大地之间出现了一条长长的线缝，突然，一个小竹笋在土地下，拼着一股信念，不断地为自己鼓励："我行，我一定行！"它使劲地往上钻，终于露出了一个尖尖的脑袋，于是它再一次挣扎，像一把利剑直冲云霄！最后破土而出！小竹笋即便是那样弱小，但它也有强大的一面，它们期望能得到生命的延续。

一只受伤的蜻蜓在窗户上，它用那纤细的后脚，使劲向前蹬，可另一只后脚则被另外一只拖着，显然，那只脚受伤了，但它还是努力的蹬着那只脚，即便它是没力气了，还是始终坚持着，它使劲地移到了窗台口，它开始挣扎，用力地扇动着那两只无力的翅膀，想让自己飞起来，这是唯一的希望，于是，它拼着这口气，极力鼓动双翅。天哪！它真的飞起来了！就在那一刹那，我的心被深深地震撼了！蜻蜓在为了什么而拼搏呢？是为了生命，希望在最后一刻得到生命。

泥土下昏暗极了！小草想去看看外面的世界！它的头竖了起来，冲向松软的泥土，咦？外面的世界怎么跟地下一样黑，天怎么这么硬？哦，原来小草被石头给压住了，这下小草苦恼极了！它用它那细长的身体钻出石头，使劲儿地把头挤出石头，石头都把它的身体压弯了，但却不影响努力，终于它看到了外面的世界，它开心极了！它紧紧拥抱大地，再一次的享受生命！

生命，我明白了，我应该为那些渴望得到生命的"人"鼓掌，我们更应该坚强地活着，即使只有最后一口气也要去争取！

052

关于"零"的联想

张彦雯

"零"是什么呢？抬头看天空，听着小鸟在树枝头歌唱，回看教室，看着同学们埋头写作，而我却想寻找答案。

推开一扇窗，阳光透过窗户调皮地窜进来。看着那高高挂在空中的大"火球"，它不就是一个"零"吗？啊，我找到了！红彤彤的太阳是冬天的暖炉，将寒冷消化，将温暖传送。太阳一出来，心就温暖了，就明亮了。哦，我明白了，"零"就是太阳，太阳就是爱，给世间带来了温暖与光明。

突然天空乌云密布，不久就下起了雨，一直持续到下午；雨停了，我朝窗外看去，树叶一闪一闪，亮晶晶。这是什么？噢，是一滴滴美丽的雨露，啊，它的形状不也像"零"吗？我们在教室里安静地写着作文，雨露在窗外很愉悦地"嘀嗒嘀嗒"唱着歌。咦，为什么我听到的每一个声音都不同呢？谁都知道，它们的生命很短暂，可是谁能想到它的短暂一生奏出一首如此美妙的自然之歌。一声清脆的"嘀嗒"响起，露珠之家便少了一员，但它们并不伤悲，因为它们认真地完成了自己的使命——滋润大地！

雨珠如珍珠一般美，不仅是因它的外形，更因为它们的品质。亲爱的老师们不就像这些雨露吗？对学生要有母亲般的关爱，又要有教书育人的使命。当老师站在三尺讲台上时，生命就赋予他神圣的职责，不需要华丽的包装，就能耀眼美丽。

放飞联想的翅膀，就可以发现"零"的神秘！用最美好的时光绘出人生创一道灿烂的曙光。

053

坚持就是胜利

郑人溥

胜利全在于坚持。

《摔跤吧！爸爸》的成功，其实诠释着的正是坚持的成功。一位摔跤手不甘于自己为国争光的梦想破灭，坚持让自己的孩子实现自己的夙愿。他就是因为坚持下来了。

当很多人都在嘲笑他，让女儿学习摔跤时，他仍没有放弃，继续坚持下来了；当被女儿埋怨，甚至抗拒训练时，他虽然失落过，但还是坚持下来了；当女儿进入专业体育院校进行学习，对女儿的陪伴，他没有停止，他坚持下来了；当女儿成绩不理想时，对于女儿的辅导，他没有责骂，而是选择坚持下来了。终于，他用恒心和坚持，守得了云开见日出。

其实，我们每个人的成功，谁不是坚持的胜利？坚持就是胜利，我始终这样认为。

运动会上我报了男子八百米，我的对手是一个爆发力极强的同学，我心里有些担心。

比赛开始了，哨声响起的时候，只见他像离弦的箭一般飞奔了出去。而我坚持用平稳的速度，紧跟着那个同学，他在前面狂奔，我在后面坚持追赶。就这样坚持跑到第三圈时，对手的速度开始慢下来了。而我还有一些力气，这时我开始选择加速，开始狂奔，瞬间反超了他。他见状十分不服气，也拼了命地紧跟上来，但此时他的力气已经耗尽。他渐渐慢了下来，而我不顾一切地跑着，冲刺着，我的体力也到了极限，但我依然坚持着，因为我心中有句口号："坚持就是胜利。"

终于我冲过了红线，取得了最后的胜利。同学们为我欢呼，我更为自己的坚持而欢呼。我坚持住了，我成功了。

无论是运动还是学习，都是一样的，我们生活里的一切成功，都是坚持的胜利！

同学们，你们也一定要坚持啊！

春 天 来 了

胡叶锦轩

又要离开。

每年都周而复始。

父母一大早便起来了，我躺在床上装睡，听着他们的全部动静……穿衣服、收拾东西、洗漱……每一个动作我都听得清清楚楚，却丝毫不敢发声。

一个小时很快，他们已经完全收拾好了，离别的气氛充斥着整个世界。我不想看见这个瞬间，我紧捂着被子，不想再听到什么。我似乎感觉眼泪快要流下来了，昨天晚上一直在对自己说不能哭，默念了一个晚上，却在此时灰飞烟灭……

母亲匆匆上楼，看着装睡的我，轻轻地对我说了一句："我们走了！"我依旧装睡，我深知，一旦我睁开眼睛，泪水便会喷涌而出。等母亲走了，我才悄悄露出头——四周还是一片漆黑，偌大的房间里只剩下我一个人……又是这样，每次都丢下我一个人，你们是否知道我也怕黑？是否知道被子下的我在悄悄拭泪……

我缓缓起身，感觉天旋地转……泪水还是不停地流，那一刻，什么心理暗示都没有用了……每年都是如此，留下我一个人，在这个房间，这个房间不知历经多少次这样的事——可是我还是没有习惯，还

那一抹顽强的绿

是会哭泣，唯一变的是我的恢复能力比以前好，从当年一个月都摆脱不了，到现在一个星期就可以恢复，这……算不算一种进步？

父母，走了……心，结冰了……

回到学校，我还是闷闷不乐。但班里热闹的气氛，让我也不那么想哭泣，看着同学们那么热火朝天的讨论，让我也深受感触……

"别不开心了，还有我们呢……"要好的同学说着，将我也加入了讨论的大部队……我被感动到了，原来还有他们……黑夜之中，我还有这么多人陪伴我，我不孤单！

春开始逼近，校园内的柳树抽出了新芽，草也冒了出来，一切的一切都充满了希望……

"春天来了……"我的笑声回荡在校园之中。

056

来自春天的感动

黄依婷

初春的早上，风还是有些刺骨的，却依然挡不住盎然的春意。

天亮得出奇的早，小公园里面已经零零散散地有了一些人。多数是老人，其余多是起得早的小孩子们，他们浑身散发着精神——就像春天一样。他们绕着每一棵树追逐着，笑声在回荡。我也早早地出来了，想感受这早晨的阳光的朝气蓬勃。

我的目光也一直黏在了他们追逐的身影上，白色蓝色的汗衫交错间，我看见了一个女人，她估摸着有五六十岁了。她站在花树旁，把头发盘了起来，手里不知道拿了什么东西，看着小孩子们一直笑。走近了，才看出那是一把小刷子和一个不知装了些什么颗粒的塑料瓶。我细细地看着她，她似乎也察觉到了我的目光，抬头看了一眼又低下了头去。她拿着那把小刷子往瓶子里探了探，再轻轻地拿着刷子对着花树上的花刷，她做得很细很耐心。我突然想起来以前学过的知识，这是人工传粉，因为麻烦，所以只对很有价值或是珍贵的花用。可是这公园里这些普普通通的让人连名字都叫不出来的花值得这样做吗？春天要来了，花能开了。

后来好几天我都去了那个公园，也差不多每次在那儿，都能看见那个女人在那里忙碌。直到有一天。那天，她挥了挥手，我看了看四周，确定了她是在叫我。我怀着忐忑的情绪上前去。"小姑娘，你看我好几天了。"她是笑着对我说的。被她揭穿了，我有些窘迫，不过想着既然她叫我了，就把想问的问出来。"阿婆，你为什么要帮这些花传粉呢？春天都到了，你要是想给这么多花都传粉，那不是很辛苦吗？"她又笑了，这时候笑意染上了眉头，深入了额间的沟壑，就像绽放的花朵一样："可能是习惯了吧。"后来，她给我讲了一个故事。很多年前她和她的丈夫就住在这里了，那个时候公园还没有那么多的花树，仅有的几棵也入不了眼，地上的草皮也还没有铺起来。她和她的丈夫很喜欢花，有一个春天格外的冷，花传不了粉，看着也不精神。所以她和她的丈夫开始为花传粉，后来花渐渐地有了生气，但是他们依然为花传粉。这一传就是好几年，前几年她的丈夫去世了，她依然守在这为花传粉，直到今年，她的女儿要把她接去住了。

因为爱花惜花，把一件事情坚持了这么多年，这件事让我很是感动。我的心里好像有一颗种子，生根，发芽，然后破土而出了。以后的每一个春天，我都会去看看那个小公园，看看那些花树。像是在透过它们看那个记忆中的人。

我的春天不见了

汪萱萱

今天，妈妈带着我和弟弟一起去别家吃酒。

弟弟是个好动的孩子，他很快就有了玩伴。他和小伙伴在玩沙子时，先是笨拙地用筷子插进去再抖起来，抖到另一个瓶子里，结果弄得满脸上都是沙子。妈妈是不让弟弟玩的，嫌脏，可哪里禁止得住。玩过沙子，那几个小孩子又追着到处跑，这下更多的小伙伴加入其中。我看弟弟在前面跑，一群小朋友在后面追。转眼间，又是别的小朋友在前面跑，弟弟和几个小伙伴们来追。别看他们累得气喘吁吁，但每个人都笑得欢。

我默默地看着他们在玩，内心羡慕。可当弟弟高兴地跑过来喊："姐姐，一起来玩！"不知为什么，我拒绝了。弟弟见我不理，又蹦蹦跳跳玩去了。

我忽然间觉得有些伤心了，想起了一起和朋友玩的情景。那时候我也只有弟弟的岁数，整天就想玩。我和隔壁家的欣雨一起跑到小溪那边，徒手抓泥鳅，泥鳅好滑，一直在水里游来游去，像是涂了润滑油一样，我们累得直冒汗。一直这样玩着，从早上玩到中午、晚饭之前，总是要等到外公外婆来叫我，在满村子里找，而我们才依依不舍地回家。

小时候的我不怕脏，脸上总是洋溢着笑容，拥有着春天小草般的生机勃勃。我肆意地光着脚丫在沙子上，时而踩出一个大大的脚印，时而将脚伸进沙里，时而在沙子上跳跃。我的脚里全都是沙子，但是那时的我只有七岁，只想着玩，可不怕脏呢！外婆却一直说："都是沙子，快洗洗！"我自己倒不太在意。

　　想到这，我一下子叹了一口气：哎，我多久没有放松自己了呢？不知何时起，作业一直陪伴着我，我很久都没有出去玩了，连最爱的书也没有时间看了，记得以前向别人借书时的如饥似渴。我的春天不见了。

　　多想再见春天一面！

幸福藏在春天里

黄小奕

　　山绿了，水清了，我期盼的春天来了。

　　当大地上出现第一抹春色，不太安分地小草冒冒失失地探出头来，为春天的来临拉开了序幕。

　　花园里种种花儿竞相开放，迎春花，迫不及待地冒上枝头，展现她的绚丽多彩啊！牡丹花也不甘落后，与迎春花相继开放，那片片艳丽的花瓣，白中带粉，粉中又掺杂着那一丝丝紫色。漫步于桃花林中，阵阵清香扑鼻而来，让人感到神清气爽。拾起一朵桃花，让人感受春天的甜蜜与美好。

我漫步在春的世界里，散步在竹林中，阳光透过竹叶撒下细细碎碎的片影，像金子一般闪耀，真可谓时遍地满黄金啊！耳边传来泉水叮咚的声音，不绝于耳。冬天的冰雪化了，清澈见底的河水中，鲤鱼在水里欢快地游着。有时兴奋起来，一跃而起，激起朵朵水花，像雪一样的纯洁、美丽。

在这万物复苏泉水叮咚的时候，我迎来了十一岁的春天，人们都说一年之计在于春，一日之计在于晨。而在这新的一年中，我们要像这生机勃勃，活力无限的春天一样用自己的青春和汗水，写下自己的人生。一辈子，无怨无悔，这个目标是艰难的，艰巨的，所以网速好每一件事，从小事做起，从一点一滴做起。

生活中总是有一些事情要拼尽全力去努力，无论事情有多么大，多么复杂，我都会尽力去完成。

春的来到让我感受到了阳光，希望和快乐，过去的十个春秋，从我的生命里飞逝而过，从此以后，我要珍惜每一个爱我的人和我爱的人，在我的生命中曾经出现过，像珍惜每一个春天一样，珍惜每一段时光。

幸福就藏在这个美好的春天里。

我 是 女 娲

朱子彤

自从上回我把天给补好后，人们就过上了幸福快乐的生活。可

最近有神仙对我说，其实我的子民一点儿也不幸福，我决定下凡去看看。

我看见城市里人们灿烂的笑容："神仙们莫非在说谎？大家明明都很快乐啊。"

公交车上一位老奶奶颤颤巍巍地站着，旁边一个年轻人躺在座位上玩手机，一人霸着两个位，不时发出"咯咯咯"的笑声，我很生气。就在此时，一个急刹车，眼见那位老奶奶就要摔倒在地，我不得不使出我的魔法。

"这手机怎么啦？"这时他抬起了头，满眼的迷茫。还没说完，就"扑通"一声栽了个屁墩，"谁……"

然后他就闭嘴了。我知道他看见了很恐惧的现象，座位上满是血。然后他看到了更可怕的现象：他的周围都是红红的血。

"奶奶，我错了……"这年轻人还不怎么笨，当他看见老奶奶没被血包围，他就知道自己错了。

他赶忙将老奶奶扶到座位上，红红的血瞬间消失得没有了痕迹。

我看见了他眼中的悔意：知错就改就好！

正当我感觉满意时，我的天眼传来信息：问题太多了。

我顾不上这些，就去了另一个地方。

我迅速地飞到了一条小河边，咦？怎么这条小河里的垃圾正在成群结队地"游泳"呢？这时我看见有个人把手上的垃圾随手一扔，还模仿起了投篮高手。我念起了咒语："垃圾快飞走！"那些垃圾像一个个听话的小孩，不约而同地飞了起来，我还生气地朝他飞去了一袋垃圾，垃圾一下子落到了那人的身上。那个人吓了一大跳，扭头就跑了！

眼见得垃圾一袋袋地都飞到了那些丢垃圾的人的身上，人们开始惶恐，以为垃圾要开始报复了。我就用魔法，提醒他们：只要养成好的处理垃圾的习惯，他们身上的垃圾就会自动脱落。

那一抹顽强的绿

于是地球上出现了新的现象，每天都有很多人弯腰收拾垃圾，也有人为了争着收拾垃圾而各不相让。

半年时间，地球上终于干净了，又出现了洁净美丽的世界。

医院里的病人越来越少，很多医院开始倒闭。

我的烦恼开始增加，怎么能在我离开后人们仍然爱护环境。于是我再造人时，就让他们对垃圾极其敏感，非要清理掉垃圾才能感觉舒服。

现存的这些人，还是要给他们犯错的机会，那就保留着医院吧。

当然，不多久医院全都会倒闭，人们就不会再生病，我相信很快就能实现。

当然，这要求人人都有一颗善良的心，这样世界才会充满爱，快乐的人们才会让世界变得无比美好。

062

写给未来的自己

朱明春

亲爱的：

你好！

十年过去了，此刻你正在读研究生吧？你是否因为收到这封信而感到惊讶？是否为自己的变化而感到欣喜？

此刻的我心情有些沉重，再过一年就要小升初了，最近手机也离我而去，作业把我压得喘不过气来，每天我跟机器一般学习。但是一想到未来，那个优秀的自己，我怎能不努力呢？

你是否还记得小时候的梦想——当一个伟大的发明家。我坚信此刻的你一定正在为这个目标努力。我想象着，在属于自己的工作室钻研着那些发明创造，你在做着自己喜欢做的事，你会多么幸福！在这个过程中，难免出现一些故障让你耗费整整几小时，调了又调，试了又试，困难有时会让你找不到头绪，使你感到沮丧，但你一定会坚持，因为你相信，为了梦想，所有的努力都是值得的！

你可还记得你儿时的玩伴——延哥。你一定在想，他是不是还很幽默？他长高了没有，是不是完成了自己当游戏解说的心愿？他的脸是否更黑了，说将来可能会去非洲当酋长呢？

相信，你很快就会见到他的。不知道他的游戏公司是否已经上市，你可以留意一下。

真希望能继续珍惜这一段友谊。在追求梦想的路上，因为有朋友，我们才不孤单！

亲爱的，当看到这封信，请不要惊讶，你可以看见十年前的自己，对于未来的期盼。现在想想是否全都实现了？

请相信，所有的努力都不会被辜负，疲惫时，停下来看看夜空，那些星星都是给你的美好祝愿。相信美好的未来在等着我们！

爱你的明春

××年××月××日

那一抹顽强的绿

神奇的照相机

陈逸衡

　　一天，摄影师狗汪汪带着自己心爱的相机，打算去森林里住一个月，它要去森林里干吗呢？听我慢慢说来。

　　这个相机十分奇怪，它的边上有不少的按钮，花花绿绿的，让人看起来觉得很难操作，实则并没有那么难。

　　狗汪汪先按了一个上边有房子的按钮，只听"砰"的一声，一座高耸入云的别墅出现在草地上，别墅外观金碧辉煌，不用想就知道，里面的家具肯定一应俱全，谁要是住进去，那身份肯定是噌噌地往上攀升啊！他欣喜地说："太棒了，太棒了！"说完，就钻进了房子，房子里四季如春，水晶灯悬挂在天花板上，地上的瓷砖洁白无瑕，墙壁四周都是现下最火最热的艺术摆设呢，真是豪华极了！

　　狗汪汪有点儿饿，按了一下上边有食物的按钮，这时，相机上的小喇叭中冒出了一股烟，一盘盘美味的佳肴蹦了出来，原来，喇叭里有一个微型的小火炉，只要你想吃什么，它都能做出来，而且味道、样子和那些大餐厅的主厨一样好！狗汪汪尝了尝，真是美味无比啊！他吃得连汤汁都不剩！吃完还不停地咂咂嘴，一脸满足地坐在那摸起了肚子。

　　狗汪汪的衣服脏了，他又按了一个上边有衣服的按钮，一下子变

出了一套好看的休闲服，独具匠心的设计和合身的尺码，穿在他身上简直就是量身定做，柔软的面料像是用云彩织得一样，真是一件保质保量的好衣服，打着灯笼也找不到呢！

狗汪汪想：神奇的相机真是太好了！真是有求必应，什么都可以变出来啊，真是万能的相机啊！

我真想得到一片树林

施俊杰

我真想得到一片树林。

我真想得到一片树林。我漫游在树林之中，靠在一棵树上，渐渐地，我也变成了一棵树，脚下长出须根，深深地扎进泥土和岩层；头发长出树冠；胳膊变成树枝；血液变成树的汁液，在年轮里旋转流淌……我沉默了，抬起了头，看着流云，看它们流动，也为它们伤心：它们没有家，成日在空中飘荡，又显得那样孤独。

我真想得到一片树林。把它设成一座迷宫，只有我才知道它的真正线路，散步时当作探险一般，是那样有情趣，有谁会知道我在哪里呢？不会有人知道，也不可能有人知道。

我真想得到一片树林。走进它的深处，去访问它"心灵深处"的一池清泉，坐在树旁，望着那一池清泉。阳光穿过树叶斑驳地照在水面上，顿时波光粼粼闪烁出钻石般的光亮。但此时，在我的眼中，它比钻石还珍贵，因为它是那样清澈而又纯洁，一点儿杂质也没有。走上前去，捧一泉水，吸吮一口，一股清凉与甘甜沁人心脾，这味道是多么甜美而又珍贵。

我真想拥有一片树林。在树林中，听那清脆的鸟语，细细品味。"啾啾""叽叽""喳喳"，刹那间，百鸟齐鸣，原本那寂静的树林，一下子响亮起来，顿时奏起一曲交响乐，直入人的心里，令人在胸中久久的回味。

我真想拥有一片树林。变成一棵树、闯一次迷宫、吮一口清泉，听几声鸟语，这些都是这样的奇妙。当然，只有这样亲近大自然，才能感受到人生的美妙，这也是多么令人向往，谁会不想拥有呢？

……

乡间趣事

王　玥

"嘟——嘟——"随着汽笛声，我随着爸妈来到了乡下的爷爷奶奶家，这里一切都是那么美好！

瞧，嫩粉色的桃花绽开了笑脸，在微风中，摇起裙摆，跳着芭蕾；看，金灿灿的迎春花开了，一串串，一簇簇，招蜂引蝶，好不热闹！

一只鸟儿在河面上低空滑过，尾巴尖儿一不小心掠过河面，荡起了圈圈涟漪，小鸭嘎嘎地下了水，它想看看，河中间那一圈一圈的到底是怎么回事。等它走近时，涟漪不见了，"嘎嘎嘎，这真是件令人费解的事呀。"它说。菜院地里，一只鸡正在寻吃的，小狗尾随其后，想吓吓母鸡。突然它就扑了过去，吓得母鸡连忙扇翅而飞，一惊吓，一着急，屁股一紧，蛋就掉到地上，碎了。

来到乡下，最妙的就是这里有小河，我们就可以捕鱼，这是件很有意思的事。拿起一张渔网，往水里一放，就可以躺在河边晒太阳，睡懒觉了。不一会儿，一条小鱼悠闲地游啊游，正好就钻了进来，朋友看见了连忙催促我"赶紧提网！赶紧提网！"我立马把网一提，一看，哈！哪有什么鱼，原来是一片树叶呀！

河边树木繁茂，鸟语花香，到了下午时分，正是我捉蜻蜓的好时机，待蜻蜓落到一片叶子上歇息的时候，我轻手轻脚地走过去，动作迅速地捉住它的翅膀，然后把绳子系在它尾巴上，蜻蜓飞走了，绳子一拉，蜻蜓就又回来了，哈哈，别人遛狗，我遛蜻蜓。当然我知道蜻蜓是益虫，它会吃讨厌的蚊子的幼虫，所以我玩几下，便把它放走了。

"嘟——嘟——"我们要回去了，带走的是美好的回忆，带不走的是对乡下的那份深深的怀念！

小红与苍蝇

夏新力

偌大的房间里，小红一个人正对着作业冥思苦想。

这时，突然来了一个不速之客——"一只苍蝇"，它在小红的身

那一抹顽强的绿

边飞来飞去，在小红的耳边嗡嗡地叫，这声音本来不大，但在这样安静的环境中就像一台噪音极大的机器一般，"嗡嗡"声充斥在这整个空间中。

本来就毫无头绪的小红，被这"嗡嗡"声扰得更加没有头绪了，她很不耐烦地挥手驱赶着苍蝇。

谁想这苍蝇一点儿都不害怕，反而更大起胆子来，竟来攻击小红的额头，它似乎想要挑衅正在埋头学习的小红。可生气的小红却待在那儿一动不动，像个木头人一样，其实呀，她心里正在计划着如何收拾这只苍蝇。

只见小红慢慢地抬起手，在靠近苍蝇的地方先停一下，突然猛地一拍，只听"啪"的一声，额头红了，而可恶的苍蝇却逃之夭夭了！

小红这下气得叉着腰，鼻孔里直"冒烟"。

眼见得那苍蝇停在桌角，大胆地舔着自己的腿，很得意的样子，收拾完毕后，它竟扬起翅膀，想要再次挑战小红。

小红气坏了，她决定不再那么冒失，一定要稳扎稳打。此时，小红轻轻地抓起笔记本，在靠近苍蝇的地方，以迅雷不及掩耳之势砸了过去。本子又快又狠，只听得"啪"的一声，苍蝇被拍碎，当场毙命。

眼见死苍蝇飘落于地，小红哈哈大笑："狡猾的苍蝇也不过如此！"

是啊，只要你想办法总会解决困难的，方法总比困难那多！

偷　酒　喝

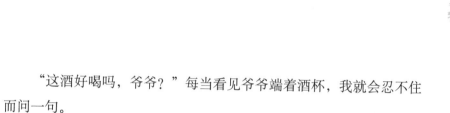

邢凤宇

　　"这酒好喝吗，爷爷？"每当看见爷爷端着酒杯，我就会忍不住而问一句。

　　"好喝，可是你不能喝呦。你是小孩子。"看着爷爷十分陶醉地说着。我就暗自下定决心，要偷偷地尝一下。大人们每次喝的都十分过瘾的样子，我一定要感受一下。

　　机会终于来了。

　　平日里爷爷对我管得很严，这个不让吃，那个不让吃，尤其是自家酿的葡萄酒，一滴也不让我喝。可每次吃饭的时候，却总能看见爷爷喝上一点儿。只见爷爷拿起杯子，轻轻地晃了晃里面那红艳艳的葡萄酒，再满足地喝上几口，"啊！真是美极了！"看着爷爷喝得那么津津有味，我觉得葡萄酒的味道一定和办酒席时喝的饮料一样好喝，我便试着央求着："爷爷我也想喝。"爷爷立马板下脸说："不行，小孩子不能喝酒，喝了会变笨的。"我只得假装听懂的样子，点了点头，可心里却在想：你不让我喝，一定是它太好喝了，你舍不得让我喝。我一定找个机会偷偷喝。这时爷爷刚喝了酒去睡觉了，这个时候偷，是最好的时机！

　　等爷爷上楼休息了，我就悄悄潜入厨房，拿起酒杯，打开葡萄酒，慢慢地倒了一小杯，然后学着爷爷轻轻地摇了摇杯子，见果酱般深红的酒在杯子里荡漾，闻着有点儿涩涩的味道。然后幻想着一切与这有关的味道，草莓汁？石榴汁？火龙果汁？哪一样不是红色，哪一样不是甜滋滋的？想着我的口水也随之溢了出来。我猛喝了一大口，还没咽下去，一股酸涩味的味道直冲鼻腔，呛得我一股脑儿地全吐了出来，此刻失望、失落、懊恼全涌上心头。怎么会是这种味道？明明叫作"葡萄酒"，不应该是"葡萄"的味道吗？葡萄酒也是酒啊！太难喝了！爷爷骗人，我懊恼地把杯子擦干净放回原处，跌跌撞撞地回到卧室，一头栽倒在床上，呼呼大睡过去。

以后，再看见爷爷喝酒，我还会问："爷爷，这酒好喝吗？""好喝，小孩子不能喝哟。"

当然，我不喝了。

070

洋溢在发丝间的感动

　　突然，她从我的发丝中发现了一根白头发，心疼极了："小小年纪就长白头发了，现在的学生太辛苦，唉。"说完，她拔去那根头发。而我，分明看到母亲的发丝中早已藏着比我多很多的冒着光泽的白发。我不觉鼻子一酸，两行清泪忽然滚落。

感恩母亲

钱昱好

　　妈妈的脸上不知什么时候多了几条深深的皱纹，从前乌黑的头发里不知什么时候跑进了几缕白发。无情的岁月改变了妈妈的容颜，却无法改变妈妈对我的期望，她对我最大的期望就是我能有个优秀的成绩。

　　上小学了，妈妈便给我报了各种各样的补习班：绘画、书法、作文、奥数、英语。一门都不落下。一年四季，无论晴天或雨天，无论酷热或严寒，她总是能及时地将我送到各个补习班，甚至可以很好地安排时间让我在各个补习班间切换自如。

　　记得一次，妈妈开车送我去补习班学习，从家出发没多久，车窗外飘起了毛毛细雨。路上的车越来越多，最担心的堵车还是发生了。时间一分一秒地过去了，我们的车子却仍以龟速慢慢地向前挪去。眼看上课的时间就要到了，妈妈皱着眉头，一会看着前方，一会又瞄瞄时间，右手的食指毫无节奏地敲打着方向盘。周围的喇叭声使我变得有点儿烦躁。突然，妈妈卡准时机，一个右转弯，车子驶入了一条小巷中，在一个老屋前找到一个车位停下车。"昱好，赶紧下车，这离补习班不远了，我们走路过去。"说完，妈妈随手抓起雨伞，迅速下车，拉起我便小跑着赶往补习班。

一路上，伞一直往我这边倾斜，抬头只见妈妈眼神坚定地看着前方，她的半边身子都被雨淋湿了，却还一直问我："昱好，有没有淋到雨？"就这样，我在妈妈爱的护送下顺利地到达了补习班。学习快结束时，外面的雨已经下得很大了，加上无情的风不停地抽打着窗户，我开始担心妈妈是否会及时赶来接我。一下课，我耷拉着脑袋整理书本，"昱好——"妈妈熟悉的声音准时在教室外响起。我加快整理的速度，飞奔到妈妈身边。即使已经进入有暖气的车里，妈妈仍坚持让我披上她的保暖大衣，自己则边开车边不停地哆嗦和打喷嚏。

妈妈，您为我付出了那么多时间与精力，我一定会好好读书，圆您的梦！

良 苦 用 心

伍嘉妮

我的母亲是一位医生，她最常见的病人就是小孩子，每次回到家，她总会说："唉，现在的小孩子体质太差了。"然后又细细打量我那干瘦的手臂，眼里闪过一丝担忧。她希望我有一个好体质，将来可以当一位女警察。可偏偏我爱挑食，还爱闷在家里，于是她便决心对我进行一次"改造"。

一次吃饭的时候，妈妈把牛肉、百合、茄子等我不爱吃的东西一样又一样夹到我的碗里。我的碗里堆成了一座小山。看到我那不情愿的样子，她呵斥道："还不快吃！这些东西，虽然你不太爱吃，可

洋溢在发丝间的感动

都非常有营养价值，尤其是百合，包含着多种营养……"在妈妈的唠叨声中，我皱着个"苦瓜脸"，强迫自己将这些有营养的物品送进嘴里。让我吃这些，真是比喝中药还难受，感觉嘴唇、舌头都麻木了，但是我也明白，这些让妈妈费了多少苦心。

"要想长得高，就要有一个好体质。"妈妈把这句话俨然当成了奋斗目标。每天早晨让我跳绳，跳半个小时，还不能休息。有一次妈妈在外面忙碌，我估摸着已经跳了二十分钟，"少几分钟妈妈应该不会察觉。"我暗自庆幸地想。没想到妈妈一上来就问爸爸我跳了几分钟，爸爸竟如实回答了。那一天我被罚跳了好久，远超了计划的三十分钟。我在跳的时候，捕捉到了妈妈眼中一闪而过的心疼，以及她失望的情绪。看到妈妈忍痛教训我，我好像一下子明白了什么。

我摸着麻木的双腿坐在沙发上，脑海中浮现出妈妈心疼的表情。我的腿虽然发麻，疼痛，可就在这一瞬间，我明白了妈妈的良苦用心，以及她对我的那份深切期望。

妈妈，我会好好努力，拥有一个健康的身体，不让您担心。

妈妈的期望

邵铄童

我的奥数不好，所以妈妈为我报了奥数班。学好奥数，我知道这是妈妈的期望。

"最近有很多奥数比赛，这个对小升初考试是很有用的。"老师不停地说。

今天去学奥数了，老师又这样重复地说。

"我奥数那么差，就算去考也考不上！算了还是别去了。"我心里失落地想。

"我给你报了两个奥数比赛，西西也会去的，她妈妈说得了奖的话……"刚进家门就听到妈妈带来的"喜讯"。

"啊——"我现在还记得自己当时的绝望，"你明明知道我奥数差，这不是浪费钱嘛。"

"得个优秀奖也好啊！凡事都要试试嘛，重在参与。"妈妈口沫横飞，"你语文挺好的，奥数要是能再得个奖，一定就能考上好学校！"

"哼！天天奥数奥数，烦不烦啊？呜呜呜，我的美好童年就这样被扼杀了！"

"你的同学都在学奥数，难道他们的妈妈都在害他们吗？没有好的学习，你咋考上好的学校，以后只能受苦！"妈妈的话语萦绕在我的耳边，"妈妈全是为了你好。"

过了一会儿，我心中的烦躁的情绪慢慢平息了，妈妈的话语又回响在耳边，"你语文挺好的，奥数要是能再得个奖，一定就能考上好学校！"

是啊，考上好学校，才会有个好未来，妈妈也是为了我好。虽然现在很苦，将来一定是甜的，这就是妈妈的期望。

我想我不能让妈妈失望。

放 鞭 炮

陈钇衡

鞭炮，是家家户户过年必不可少的东西。放鞭炮，也是过年最让小朋友们欢呼雀跃的事。当然，放鞭炮也需要勇气哦。

正月里，我跟着爸爸妈妈一起去老家，拜访和我分离一年之久的小伙伴们。我兴奋不已，早早地准备好了爸爸给我买的小摔炮，把所有的衣兜都塞得鼓鼓的。一路上我激动地唱着歌。

"到了，终于到了！"我边喊边从车里跳了下来。刚下车，我便看见那条马路旁，围着好多小伙伴。小路上摆着两个空酒瓶，几个小伙伴正往酒瓶里塞东西，这东西又粗又黑，一头还燃着火。没等我走近，只见小伙伴们都瞬间逃离了现场，紧接着是"砰"的一声巨响，酒瓶四分五裂，一旁的小伙伴们却高兴地欢蹦乱跳起来。我惊讶地飞奔过去，小心翼翼地捡起一块酒瓶的"尸体"，仔细查看着。

正在这时，他们发现了我的到来，前呼后拥地冲了上来，边跑边问："你带鞭炮了吗？"我怔了一下，犹豫着要不要回答。因为，那时的我根本不敢放明火鞭炮，说出来有些不好意思，就吞吞吐吐地回答："呃……忘了。"他们顾不上听我说完，就拉着我转移了阵地。到了那里，他们告诉我看见鞭炮点燃就马上跑。我点了点头。他们又掏出一个和刚才一模一样的鞭炮，还拿了一个塑料杯和一支已经点燃的香，用香头熟练地碰了一下炮的引线，就大喊："快跑！"我被这阵势吓得愣了一下，然后才撒开腿想跑，可是已经迟了。一声巨响响彻天空，纸杯不知道为什么随之飞上了天，然后掉落在一个小土堆中。我好奇地跑了过去，捡起纸杯，发现纸杯的底部和杯口已烧焦，杯底来被炸出了一个小洞，杯子已不堪入目。

　　我总算是见识了这"黑脸张飞"的厉害，可伙伴们却说还有比这更惊人的。于是，我又跟着小伙伴们来到一个长方形的小洞旁，望着这黑乎乎的小洞，我顿时有了一种不祥的预感。我躲得远远地，瞪大眼睛张望着。看着他们点燃鞭炮，扔进小洞，还搬了块石头挡在小洞门口。片刻，"砰"的一声沉闷的声响从洞里传了出来，门口的石头被炸裂了，洞口弥漫着白色的烟雾，似电影中妖怪出没的镜头。大家蜂拥而上，打开洞门。"哇！好厉害啊！这洞比原来的大了一倍。"我忍不住也跟着大叫起来。

　　望着他们玩得这么尽兴，我也有些按捺不住了。我跟伙伴要了一支香和一个鞭炮，开始学着他们点了起来，我恶作剧把鞭炮扔到车旁。不一会儿，一声巨响并伴随着汽车的警报声，乐得我合不拢嘴，而这时汽车的主人凶狠狠地出来骂道："谁家的小孩子，这么顽皮，把汽车炸了怎么办？"说着就要冲过来抓我们，我们吓得一哄而散。

　　玩着玩着，我们还玩出了新花样：水中炮、多数炮、驱狗炮等，给玩鞭炮增添了更多的乐趣。

　　当然玩鞭炮一定要注意安全，不在危险的地方放。这样才会快乐而安全。

洋溢在发丝间的感动

妈妈伴我读诗书

肖尧尧

妈妈每天都坚持陪我读书。

现在我已养成了一个良好的阅读习惯。

一年级时妈妈就有目的地培养我的阅读习惯，平时她也给我树立榜样。从一年级开始，我们每天亲子共读的时间不少于半小时。整个一年级，我背诵的书目有：《日有所诵》《365新编儿歌》《弟子规》《三字经》《百家姓》《千字文》。所阅读的书籍有：《小蛙人游大海》《字的童话》《晚安故事》《亲爱的笨笨猪》等近一百本绘本和故事书。

到了二年级，我的阅读兴趣更加浓厚。看书的种类也越来越多了，内容也越来越深奥了。阅读课外书籍的时间有所增加，每天差不多一个小时；阅读的时候也比较投入。这一年我诵读了好多经典书籍：《论语》《老子》《孝经》《声律启蒙》《宋词三百首》《增广贤文》《唐诗经典》《唐诗故事》《读论语学成语》等。阅读了有儿童版的四大名著及《六（6）班真给力》《男生严小段的花头经》《穿越天空的心灵》《温柔小医生》等等。

到三、四年级，我每天除了主动完成老师布置的作业外，还能主动地去看书，而且非常投入。整个暑假我阅读了《假如给我三天光

明》《老人与海》《鲁滨孙漂流记》《钢铁是怎样炼成的》《窗边的小豆豆》等总共四十三本书。

三年级暑假，我把精力都用在《论语》的背诵上。我先一章一章地背，然后五章五章地背，接着再十章十章地背，最后再通背。功夫不负有心人，我终于把整本《论语》背下来了。妈妈都激动得落泪了，我也很是吃惊。时至今日，我背诵的经典还有《大学》《中庸》《孝经》《弟子规》《三字经》《百家姓》《千字文》《孟子》。

最近我们学校举行了诗词大会上，我获得了小学组冠军！

真心要感谢我的妈妈！是她的陪伴，让我养成了良好的阅读习惯；是她的陪伴，让我能够背诵这么多经典，阅读书籍，像是凤凰涅槃！

以后我会更加努力阅读，成为一个博学多才、对社会有用的人。

我的时尚老妈

石一言

瞧，迎面走来的那个动作优雅、长相姣好的中年女人是谁？哦，她是我美丽的妈妈。其实她才三十八岁，称她美女是我对她的昵称。我的老妈既美丽又时尚，而我却像老爸一样，骨子是个安分守己的人，然而我内心的安分渐渐被她五花八门的"时尚招数"所打败，变得不再"安分"起来。老妈有哪一些的时尚招数呢？且听我逐一道来。

新派第一招：自己选

别人家的孩子，都是自打出生以后，衣服都是"钦定"的，只能唯家长之命是从，不敢抗旨，有的时候遇到讨厌的衣服，只能放一边。要么苦苦央求家长大人，给买一件心仪已久的新衣服。而这往往会碰一鼻子灰。但是我家不同，我妈的时尚招数是："自己选。"美女老妈的这一招，可是正中我的下怀，我最喜欢的事情就是跟着老妈去逛街，在商店里可以把好看的衣服试个遍。终于经过好一番挑选，最终选择了一件，啊，自己选，让我是那么的快乐。

新派第二招：变着吃

我，面黄肌瘦，骨瘦如柴，你们一看我就知道一个吃饭不着调的孩子。但是妈妈的新招数让我一下子不讨厌吃饭了。你们知道吗？因为妈妈就像是个魔术师，一盘简简单单的菜，一到她的手里可以说是变化多多。普普通通的土豆片经过她的改造变换出不同的形状，有：五角星、圆形、三角形、长方形、菱形等等，就像几何图形重叠在一起，让我大开眼界。妈妈还会把食品变换味道，有时把甜变酸，有时把苦变甜，还有时把酸变辣，让我胃口大开。老妈的手艺真可以称得上是个十全十美。为什么这么说呢？因为我在其他地方从没有看到饺子是五颜六色的。妈妈为了让我激发我的味觉，就用各种蔬菜：玉米、黄瓜、芹菜、萝卜等榨成汁，然后把它倒入面粉里搅拌，再把它揉成一块块既扁又圆的饺子皮，最后放馅，就这样一个个饺子展现在我的面前了。看着秀色可餐的饺子，我的口水情不自禁地流了下来。有了妈妈的新派招数，爸爸和亲人们再也不用担心我不爱吃饭了，再也不用担心我吃不饱了。

时尚妈妈的招数举不胜举，如"一分钟穿衣赛""一分钟时尚男女比赛"，一招接一招，让我们"有时欢喜有时忧伤"，也正是这些新招，让我们家庭的气氛变好了，家庭的生活质量也不断提高，也正是"时尚老妈"的时尚作风，催我们自立，让我们前进。

现在我们越来越喜欢时尚老妈了，也更喜欢她的招数。现在老妈几天不出新招，我们就会凑上去问："时尚老妈，今天又有什么新招？"

妈妈的痛

吴昊杰

"有事情啊？"我乱了方寸，"您不能帮我打字，这可咋办？"

这次作文我得了优秀，获得了发作文给老师的机会，老师让今天回家录入到电脑里发给她。

这篇作文我很认真地写，这是唯一发作文的机会，我不想失去这个机会……

"可是，儿子啊，老妈怎么会搞这种东西啊……"电话那头老妈说的话，让我几乎崩溃：不会发！我瞬间急了，"那怎么办啊！老师说了今天要发。"

电话那头很长时间没有了回应，这更给我火上浇油："说话呀。"

"这样吧，"老妈回我道，"儿子你先别急，我让姐姐给你发。"

心情已经一团糟的我，敷衍地应了一下，已经知道此事八成无望，正想挂断，不想老妈突然认真起来，问我什么QQ之类的问题，我都不耐烦地解答了。

眼见着等打电话的同学排了一排，我更加焦躁，直接挂掉了电话。

我无力地趴在桌子上，看着我的作文本叹着气：好不容易写出一次好作文，却又……我感觉有眼泪要流出来。正待此时，上课的铃声想起，我赶紧刹车，不再想这事。

很多事不是说不想就不想的，我竟走神了，心里满是文章不能发表的懊悔。

下午回到家时，我突然发现自己错了，上午对妈妈的语气好像不太对，妈妈还没有回家，我立马拨通妈妈的电话，向老妈道歉。

电话通了，本来想好的道歉，又变卦了："下午怎么样？作文发出去了吗？"

"啊，不行，姐姐说有好几个字看不清，发不了。"

我直接就挂了电话，整个人都没有一丝力气。

晚上听老师说，我的文章发到了老师邮箱，我大吃一惊，赶紧跑过去看，竟是我的文章。

我打给姐姐电话，才知道是妈妈早上赶到了学校，从老师那儿拿回了我的作文，让姐姐打字的。

可怜的妈妈！

姐姐是邻居家的，打这篇作文会耽误她做生意的，真不知妈妈怎样求她的。

我开始意识到，妈妈的痛有多么的深。

当我开始着急时，妈妈该怎样的心焦？当我将妈妈挂在电话另一端时，妈妈又会是怎样的哀伤呢？

妈妈常吃没有文化的亏，所以她渴望我能出人头地。她常常告诫我，要努力刻苦，才会有一个美好的未来。妈妈说，这一切都得靠我自己。可是不争气的我，却常常让她失望。

是的，一切都要靠我自己。我一定不要再让妈妈难过和失望。

妈妈，请相信儿子已经开始的努力，定会有一个美好的未来。

妈妈的痛她自己默默地忍受着，那是一种藏在心里，而云淡风轻的痛。

妈妈的痛，儿子已懂！

奶奶的皱纹

张伊宁

"不吃了！汤里有虫！""咋会呢？没虫子啊。""不想吃！每天都面条，烦死了！"我将烦恼和奶奶都关在了门外。

作业本被我扔得七零八落。我的心十分烦乱：写作业！写作业！天天就知道让我写作业！

我一气之下，冲了出去。只留下后面奶奶不停地喊着我的名字。

我来到了楼下的小亭子里。这时一老一少的对话吸引了我的目光。

"奶奶，我们歇会儿吧。"小女孩搀扶着一个老奶奶，在树荫下坐下。那女孩八九岁的样子，一边为老奶奶扇着蒲扇一边帮她擦汗。那老奶奶很安详，脸上的皱纹舒展开来，高兴地看着小女孩。老奶奶一定是感到幸福了，那女孩一定是她的孙女吧？

奶奶脸上的皱纹多久没有舒展开了，我的心一下子疼了起来。奶奶也有那么多的皱纹，奶奶的背也早驼了，奶奶每天专门给我做饭，奶奶还给我洗衣裳。这么热的天，狭小的厨房多么酷热，我是一分钟都不愿意在里面呆。可奶奶每一餐都不会落下，都会做给我吃。刚才那个老奶奶在外面都会出汗，我奶奶在厨房内不是会出更多的汗？每次从厨房里出来的奶奶，不就是满脸的汗水吗？

突然想起，爸爸临走的时候说，奶奶人胖，怕热，加上年纪大身子弱，可不能让奶奶生气。爸爸又说，都怪自己当初没有好好学习，现在只能出去卖苦力。奶奶多希望家里出个大学生。

妈妈跟着爸爸去了很远的地方，一年才能回家一趟。爸爸的工作很辛苦，我也很心疼他。我答应过爸爸，不会惹奶奶生气的。可现在我却让奶奶伤心。我不觉鼻子一酸。坐了许久，我想该回去了。

悄悄地打开门，我看到了桌子上我最爱吃的鸡蛋汤在飘着香味。头上的风扇在吹着，奶奶坐在桌子旁打盹。看得出奶奶睡得很沉，皱纹爬满了奶奶的脸颊。我拿着毛巾给奶奶擦了擦汗。然后将桌子上的鸡蛋汤全喝了，我将刷好的碗放回壁橱。

回到屋子里，我开始写作业，这时作业本也变得亲切了起来。我很快就感觉到了学习的快乐，这在以前是从来没有过的，我很专注地投入了，我从未感觉学习如此有趣。

我合上课本，站起来伸了个懒腰，一转身，看见了奶奶。奶奶正微笑着，忽然我的泪光模糊了我的眼。"鸡蛋汤可好喝了！"我朝奶奶笑笑说："我的作业快写完了。""真是好孩子！"

"明天我去补课！""真是乖孙子呦！"

洋溢在发丝间的感动

张译文

母爱是一首动听的旋律，在那细细发丝间欢唱。

妈妈的慈爱总凝聚在我湿漉漉的头发上，龙头声声，情悠悠。

幼时的我最厌烦的就是洗头，每次洗头，我都要来个"大逃亡"，即使被妈妈逮住了，我也会一刻不消停地跳着"霹雳舞"。

"女儿乖，洗完头妈妈奖励你一个好吃的。"然后妈妈总是温柔地将我放在她的大腿上，用一只手小心地托起我那稚嫩的头，另一只手一点儿一点儿地将打湿我的头发，小心地搓揉着我的发丝，动作总是轻轻地，仿佛总怕我疼。"痛吗？痛吗？"看到我摇头，她才舒展下来，轻轻松了一口气，然后用满是慈爱的目光端详着我，调皮地点了点我的鼻尖，笑着说："我女儿长得可真俏！"……

躺在妈妈温暖的腿上，就像躺在棉花上一样舒服。

再后来长大了，洗头时，我不哭了，也不闹了，但我仍是硬赖在妈妈怀里，央求她给我洗头发，要不就一哭二闹三上吊，妈妈无奈地笑笑。她还是像过去那样，是用一只手托住我的头，一只手小心翼翼地、仔细地、一丝不苟地洗着我的头发。

她的手明显地苍老了，托我的头时我能感觉到她手上的老茧，而且随着我的长大，母亲也有些吃力了，但她从未说出来。

突然，她从我的发丝中发现了一根白头发，心疼极了："小小年纪就长白头发了，现在的学生太辛苦，唉。"说完，她拔去那根头发。而我，分明看到母亲的发丝中早已藏着比我多很多的闪着光泽的白发。我不觉鼻子一酸，两行清泪忽然滚落。

一个平凡的小动作，让我的心顷刻间被亲情滋润，温暖……

看，那洋溢在发丝间的母爱……

085

洋溢在发丝间的感动

暖

谢生鸿

乌云密布的夜晚，仿佛一张阴沉的脸，在严肃地注视着这个世界，这一刻令人感到头皮发麻，我不禁咽了一口唾沫，打了个寒战。

明天要交实验作业了，可是我连材料都没有准备好哩。经过再三的思量，我终于敲响了妈妈的房门。我推开吱呀作响的门，蹑手蹑脚地走到妈妈床边，轻声叫着："妈妈——"

妈妈轻微睁开疲惫的双眼，"鸿鸿啊——"随之又闭上了眼睛，"怎么了？"

"我，我的太阳能热水器没做，明天就要交了……"我忐忑不安地说。妈妈听了，立即清醒过来，站了起来，问道："怎么做，用什么做？"

我把材料单写好，交给了她，仿佛她所有的劳累瞬间消失不见了。妈妈背上好像突然有了个发条，只听到一阵"哗啦啦"的响声，妈妈就抱着一大堆工具出现在我面前。妈妈的脸上明明全是汗，她还故作轻松地说："好了，开始吧！"我的脸好像有火在烧，觉得非常对不住本来就忙活了一天的妈妈。

妈妈把纸铺平，不停地折剪粘贴。我站在一旁，只能回答妈妈做热水器时提出的几个较为关键的问题。我想帮忙，但根本帮不上，只能看着妈妈额角的汗珠细细密密地冒出来。我的视线里只剩下妈妈的身影，只听见嘀嗒，嘀嗒，手表的每一声嘀嗒，都像一把铁锤，砸在我的心上。

妈妈做热水器的时间似乎很漫长，不知是因为妈妈的疲惫减慢了速度，还是因为我深夜叫醒妈妈的愧疚让我觉得时间翻了倍？也许，两者都是。

终于做好了，妈妈又不放心地叮嘱我："明天别急着交，中午妈妈把棉花交给你。"我用力地点了点头。此刻窗外竟然云去月出，如水的月光倾斜而下，那么轻，那么柔，就如妈妈那无声的关爱。

抬头，看见妈妈进入房间的背影，我的视线渐渐模糊了，心头涌动着难以名状的暖意。

温 馨 点 滴

李　舜

妈妈的爱，体现在生活的点滴中。

一直以来，妈妈给予了我无微不至的关爱，不论是学习上，还是生活上。

读小学一年级的时候，妈妈开始教我拼音、认汉字，那个时候正是培养学习能力的时候。妈妈认真地说"ā"，我也跟着读，"à"。妈妈一听，忙纠正："是'ā'，不是'à'。"可我仍然读成"à"。一遍遍地，妈妈耐心地重复地教着我。见我总是读错，便夸

洋溢在发丝间的感动

张地发着音，指着自己的口形，不断地提醒我观察，终于我读对了，她才长舒了一口气。完成学习任务，我们俩就一块在那傻乐着，很多时候，我学会了，妈妈比她自己学会都开心。

妈妈还教我很多生活技能，比如烧菜。"你先看我怎么做，再自己试一试。"妈妈嘱咐好后，便开始用削皮刀把土豆的"外衣"脱了，动作熟练而迅速，让我很是佩服，紧接着将土豆洗了个澡，"当当当"地切起来，边切边说："切的时候要看准了再切，小心切到手了……"妈妈切的土豆片薄薄的，据妈妈说透明得可以看到我好奇的小眼睛呢。轮到我了，我慢慢地一下下地脱着土豆的外衣，然而削完之后，土豆已经变得坑坑洼洼了，洗了洗，拎起菜刀准备切，忽然想起妈妈的话，赶紧看了看，发现刀口正好对着我的手指，实在是马虎，我赶紧换了个位置……经历了"千辛万苦"，我好不容易切完了，然而一看，这哪是片呀，明明是块。和妈妈刀功相差十万八千里呀，不过这毕竟是我的处女作。妈妈露出了满意的笑容，她不断给我鼓励打气，她很有决心让我学会做菜这个技能呢。

最让妈妈揪心的事往往是因为我生病了。一日我又发烧了，浑身滚烫，有气无力，妈妈正陪着我。我轻轻地叫了一声："妈妈。"妈妈摸摸我的额头，喃喃自语："还烧着！"随后安慰我："宝贝，别担心，妈妈陪着你，很快就好了。"这一整夜，多么漫长，睡了，醒了，又睡了，又醒了，昏暗的灯光下，看着妈妈一直在身边安抚着我，为我替换湿毛巾，量体温。

有妈妈在，再大的困难我都不怕，有妈妈在，再大的病痛都会退缩。

妈妈很平凡，没有轰轰烈烈，惊天动地的事迹，有的只有这些温馨的生活点滴。

妈妈的爱，就凝在这温馨的生活点滴中。

昙花静静地开

施可瑞

阳光似轻薄的纱衣披在树上，静静地，毫无声响。

昙花还没绽放，还是一个含苞欲放的花苞，似玉石雕的人儿，又如娇羞的少女。昙花贪婪地吮吸着阳光赐予的养分，储备精力，准备在夜晚绽放光彩！微风如水波轻轻荡漾，昙花如浮萍轻轻浮动。昙花的一举一动，都美的触目惊心，都仙姿绰约。

尽管昙花的花期很短，只有短短两三个小时。但是在昙花绽放的一瞬间，能让所有人都迷醉。此时的我，正期盼着夜幕的降临，期待那辉煌的一刻。

傍晚来临，夕阳收起最后一缕余晖，黑夜慢慢地拥抱着这个世界。我静静地，静静地望着昙花，等待着它的绽放。

昙花低着头，如一个个快要掉落的音符。

忽然，花蕾发出了轻轻的声响，昙花开始绽放了，花蕾还在继续发出声响，就像音符们碰在一起。这声音像从远方传来的乐曲，是多么轻柔，多么动听。她那细长的白花瓣向外伸展着，如一位刚刚从梦中苏醒的少女，舒展着自己修长的双臂，准备向人们展示自己绝世的芳华。

月光穿过树林，漏下了闪闪烁烁的碎玉，洒在昙花上，闪着耀眼的光芒。衬得花瓣是如此洁白，白得单纯，白得高雅。

此时，周围是多么安静，静得连月光滴落的声音都能听见，静得连昙花绽放的声音都能听见。渐渐地，昙花将自己的花瓣全部摊开，露出最美的姿态，向人们展示自己的芳颜。这昙花闪着耀眼、洁白的光芒。

夜，好静谧；夜，好深沉。昙花展现尽了，便渐渐收拢了花瓣，开始沉睡。我很舍不得，昙花绽放的时间如此之短，甚至来不及留下那最辉煌的一刻。深思、徘徊，这才领悟到它的生命并不在于长度，而在于厚度，在于绽放后的芳香，在于无私的奉献。尽管人的生命也不一定长，但是只要活得精彩，实现价值，就不负此生！

月亮撩开面纱，露出笑颜。昙花，即使谢了，却永远开在我心中。

090

最美是诚信

赵韩节

清晨，太阳害羞地从山的怀抱中探出头来。一天的开始，才刚刚崭露头角。轻盈的鸟儿站在树梢上婉转地歌唱，迎接新一天的到来。

外婆早早起床，趁着天蒙蒙亮，就赶往店铺卖蘑菇。到店铺后，她就忙着打理清扫，先细细地擦一遍收银台，再摆放好一箱箱品种不同的蘑菇，她可勤快了！她轻而易举地从地上搬起一箱，不费吹灰之力。

有时，我会跟着去店里，常常抛出一些问题："外婆，这蘑菇是不是大地的耳朵？"外婆扑哧一笑，只见她抿着嘴，嘴角微微向上扬，轻轻地摸过我的头："当然啦，谁要是吃了它，谁就拥有顺风耳。"她边说眼睛眯成了两弯月牙。

日头越来越高，外婆就开始忙碌起来，顾客也陆陆续续地来了。"老板，这蘑菇多少钱一斤？""八十元，这蘑菇品种很好的，买的人也很多。"外婆总是仔细给客人讲解，她边说边将手伸进箱中，捧出几朵品相佳的蘑菇，然后放到客人鼻边，让客人闻一闻。

有时客人来的很多，外婆便忙得像分身。忽而这边传来讲解声，忽而又去那边打包蘑菇。那声音此起彼伏，像一缕飘逸田野的乐音，缥缈不定；又如大地上渗出的泉水，清清亮亮。还有外婆打包蘑菇的技艺那叫一绝，她的手灵活极了！她先将袋口大张着，然后从箱里扔出一堆蘑菇，塞入袋中，再放在大秤上量准。她诚信经营，从不欺瞒。称好后，她又重新摆弄袋里的蘑菇，将又大又漂亮的蘑菇摆放在袋子的四个角，牢牢地固定好。她那双手在袋中左移右挪，使袋子变得平整，让人看着舒心。

十多年了，她坚守卖蘑菇。饱经风霜的脸上刻满岁月的痕迹，笑起来就如冰清玉洁的雪莲花。她虽清瘦得如秋天田野上的一株孤零零的高粱，但她做人讲诚信这一品质却如火红的霞光映满了整片天际，永驻我的心间。

洋溢在发丝间的感动

那片深邃的海洋

　　《海底两万里》不仅有生动的情节故事，有趣的科学道理，更有着作者对人们的告诫："不要滥杀动物！"正如文中尼摩船长所说："只是为了消灭而捕捉，有什么好处呢？"这句话算是我在整本书中最为喜欢的一句话了。

我的读书故事

朱家浠

文章需字字读，经几番咀嚼而有余味。

无聊时拿起一本闲书，慵懒地躺在沙发上，窝在最舒适的一角，在茶几上摆一杯热热的水，认真地欣赏着那一篇篇富有深意的文章。

我喜欢读书，不限题材，只凭着喜好。就连大街上发的广告单，还有报纸，我都会一一欣赏。"读万卷书，行万里路"，读书好比周游世界，每读一本书，就像游览了一处古迹。眼界越发开阔的同时，也会产生愈加多的疑问。"为学患无疑，疑则有进，小疑小进，大疑大进。"看书就像是带着线团走米诺斯的迷宫，又像是不断地往深处掘井而见泉。

我小时候看书特别快，几乎只看有图画的那页，简单翻阅，如囫囵吞枣。虽然速度快，但味如嚼蜡，不知滋味。我总是说不出书的内容，那种感觉就好似乘舟渡河，虽然到了河对岸，但却觉得不如亲自游泳到岸上的人。因为前者不知途中鱼儿甚多，不知戏水之乐。书翻阅的越快，就越体会不到书中点点滴滴的美好和只可意会不可言传的需要深究的奥秘。生活也恰如是，节奏太快，就会变得了然无趣，因为走得太急，急于求成，容易忽略过程的美。

而现在的我呢？读书的速度慢了很多，渐渐找到属于我的读书速度。书中不单单有引人入胜的情节，还有需要一个字一个字仔细读才能看出的东西。每个人的体会是全然不同的，这些可以轻易触碰人心，颤动心弦的感觉，是那样的神秘莫测，又难以捉摸。也可能在书页翻动的一刹那，被人遗忘在书中的一个偏僻的角落。只有用笔尖去捕捉，去留住那些思绪，留住那些思考。

　　书似生活，需慢慢读，才能慢慢懂。有时还要停下匆忙的脚步，去回味过去的喜怒哀乐，去咀嚼生活的真味。

赞　　草

戈程可

　　当春天到来，万物复苏之时，到处是春的使者，美丽高贵的牡丹花，清香淡雅的迎春花。但我更喜欢小草。

　　我赞美小草，它是那样地不平凡。小草很普通，它不像树木那样有着高大的身躯，也不像鲜花那样有着美丽的花瓣。它就是那样，谦虚地弯着腰，静静地站在那里。当天气晴朗时，人们被芬芳的花朵吸引；但是当狂风暴雨之时，却只有它还在雨水无情地袭击下挺立着。鲜花华而不实的外表在雨水的冲刷下渐渐淡去，花瓣已落地。小草却一次次顶着雨水，一次次将被压倒的身躯重新撑起。在灰蒙蒙的雨天中，一片片青绿显得格外耀眼，可惜却很少有人去欣赏。

　　我赞美小草，它是那样的不平凡。小草，它从不向人们索取，只是无私地奉献着。它从来不指望别人为它浇水施肥，它只想着自己怎

那片深邃的海洋

么活下去，怎么活出价值。一棵草，渺小到你可能觉得它一无是处。它却毫不在意别人是否了解它。它奋斗一生，最后可能只因为一只饥肠辘辘的动物而丧命，也可能会被一次突如其来的洪水冲得无影无踪，它甘心吗？如果它不甘心，为什么还要来到这世上？生命因为价值而美丽，如果不能为世界带来价值，生命也会因此失去色彩。为了动物的生存做出贡献，向防止水土流失奉献一点儿力量，比与世隔绝的隐居生活要更有意义。"野火烧不尽，春风吹又生"应该是对它精神的概括。

我们所处的社会，也有着像小草一样的人。他们是默默无闻，吃苦耐劳，睡着石头房，吃着青菜萝卜的农民，他们用那粗糙的双手，播种辛劳，收获希望；他们是呕心沥血，备课批卷至深夜的老师，将知识灌注给我们，成就了我们的一生；他们是那头顶烈日，尽职尽责的边疆战士们，他们为了国家的安宁，不惜离家人远去，我们不知道他们的名字，却时刻被他们影响，如果没有他们，我们就没有现在幸福的生活。其实我们大多数人都与小草一般，做好各自平凡的工作，正是这些看似平凡的人们，撑起了国家民族繁荣复兴的脊梁。

所以，如草一样平凡的人们，值得我们奉献、尊敬，不仅因为他们有巨大的贡献，更为他们不平凡的精神。

不败的意志

金誉天

苦难+意志=硬汉。

——题记

　　他，连续出海八十四天，都没有捕到鱼，后来，他终于捕到了一条大马林鱼。在返航的途中，他一路与鲨鱼搏斗，结果鱼的肉被鲨鱼群吃掉了，只剩下一副鱼的骨架和一个鱼头。

　　他的力气大得惊人，全身上下的伤疤是他捕鱼的一次次回忆。只有一个小男孩理解他，他的生活过得十分贫穷，但他有着不败的意志。《老人与海》不是一般意义上的小说，它更似是一个真实的故事。作者借助老渔夫圣地亚哥的故事，想表明的是在生与死的搏斗中体现的那种坚强不屈的精神，那种永不言弃的意志。

　　作者用象征的手法，将这个硬汉子送到大自然中，让他在海上，与大马林鱼和鲨鱼群进行搏斗。不败，是老渔夫圣地亚哥的最突出特点，也是小说的主题之一。

　　当他在与大马林鱼相持的一天半的时间里，他的左手一直抽筋，他一次次地祈祷上帝，一次次祈祷着。与大马林鱼搏斗到最后关头时，他头晕目眩，仍自言自语地告诉自己，不能倒下！

正如作品中所说，人可以被消灭，但不能被打败。

真正的不败，是那些敢于向命运、自然挑战的人，纵然经历一次又一次的失败，但永不放弃希望的坚持。我相信，坚持，不败，继续挑战，这就是人的尊严的体现。

身边的人，有些骄傲自满，有些夸夸其谈，有些遇难则退，更有些自寻短见，随随便便就去轻生。为什么呢？就因为他们没有一个硬汉子一般的心灵，没有勇往直前的不败意志，只会自我埋汰，或只以自我为中心，所以他们一无所有。而《老人与海》这本书教会给我很多，作为一个曾经也如同这些人一般的，我想，我充实了。

就算老渔夫的孤独与失败只被一个孩子所理解，但老人留给孩子的是却打不败的精神。就如同留给我们一样。

098

我 爱 读 书

陈祉澍

读一本好书，就是和许多高尚的人谈话。

空闲时沉浸在阅读的海洋中，这是多么惬意的一件事啊！

每当我读着那一篇篇充满幻想，或真情实感，或是点滴感人、互有共鸣的文章时，总是会爱不释手。有的会让你捧腹大笑，有的会让你潸然泪下，还有的会让你轻松自在，如沐春风。

高尔基曾说："书籍是人类进步的阶梯。"是啊！书籍能让我们的大脑得以灵活，品格得以提高，梦想得以实现。

在很多时候，看到一本好书，我仿佛来到了一片田野，蔚蓝的天空中鸟儿尽情地翱翔；肥沃的土地上小草正在努力生长；花丛中若隐若现的原来是勤劳的蜜蜂们啊……我竟从书中找到了儿时的天真，找到了大自然的美好。一本好书，总是能给我切身的舒心体验。

在一点点的阅读经历中，我感受到世界更加美好，阅读也让我看到了错误与谦卑，不再想着一步登天，而是脚踏实地；不再总是纠出别人的错误，而是更多地自我警醒；不再老是为失败找借口，而是努力要求自己。在眨眼之间，不知不觉地就丰收了知识，收获了阅历，明白了许多受益匪浅的人生真谛。

阅读让我们看见生命的精彩：善良、坦诚、自信等。

书本是营养品，让你从中获得力量；书本是明灯，照亮了你的前程；书本是森林，让你从中获取知识的果实。

书籍是我们精神成长的必要"钙片"。

那片深邃的海洋

刘奕佳

有人喜欢天空，有人喜欢草原，可我偏偏喜欢海洋。是啊，辽阔的海洋，美丽的海洋，蕴藏无穷奥秘的海洋，怎么叫人不喜欢呢？也许，这就是我格外喜欢《海底两万里》这本书的原因。

《海底两万里》讲述了一位生物学家和他忠实的仆人，还有一位捕鲸手在一次"捕鲸"的事故中意外成了尼摩船长——"鹦鹉螺"号的主人的俘虏，在接下来几个月的时间中他们经历了一次又一次精彩的冒险："海底森林打猎""勇斗鲨鱼""激战大章鱼"……

《海底两万里》不仅有生动的情节故事，有趣的科学道理，更有着作者对人们的告诫："不要滥杀动物！"正如文中尼摩船长所说："只是为了消灭而捕捉，有什么好处呢？"这句话算是我在整本书中最为喜欢的一句话了，也许在过去很长的一段时间内，大部分人未重视过动物的存亡：把打猎当作饭后消遣——手中拎着一只血淋淋的猎物，岂不更能体现出自己的英雄气概？野生动物在一点儿一点儿减少，灭绝，等人类发现时，却为时已晚：有谁还亲眼见过那铺天盖地的旅鸽？有谁还记得世界上最后一只袋狼的模样？

但同时，我也认为尼摩船长为了保护长须鲸而杀死大头鲸的行为时不对的。为了自己的食物而捕杀别的动物固然可恶，但这也是生存所需，不应遭到谴责：不捕杀，它们吃什么，活活饿死吗？我们所能做的，就是旁观罢了，不插手，顺其自然——人类从不曾探清地球的秘密，也就更不会知道，杀死了这一种生物又会出现怎样的连锁反应。

大部分人类对于未知事物是惧怕的，正如对新闻中所说的那些"过度捕杀鸟类导致害虫泛滥成灾""消灭了狼却让鹿群糟蹋了森林"对于动物与动物之间的战斗，我们选择袖手旁观，选择尊重生物链的规律，倒不如说是一种自卫。这也正是我不喜欢尼摩船长这一行为的原因：他杀死了大头鲸，会不会给依靠海洋生存的其他动植物带来生存危机？

《海底两万里》让我学到了许多，也给了我很多思考。

我爱《草房子》

陈佳睿

金黄色的油麻地里住着许多孩子，有淘气的桑桑，坚强的秃鹤，懂事的杜小康……

"桑桑，你这个兔崽子又闯祸了，看我这怎么教训你……"

原来，桑桑今天把父母的蚊帐扯下来当作网去捞鱼了，结果他的母亲把他的蚊帐扯下来给他们自己，这是惩罚。后来半夜里，桑桑被蚊子咬的都是红包，这就是不听话的下场。以前活泼的桑桑在学校里还经常把秃鹤的帽子拿来玩，总是欺负秃鹤，还玩他的光头。而现在，桑桑生病了，得了鼠疮，十分痛苦。虽然桑桑很淘气，但是他在经历了生死的时候，他不放弃，坚持与病魔抗争，最终逃出了病魔的掌心。我们应该学习桑桑这种不屈服的精神。

"喂，还我帽子，快还我帽子！"陆鹤气愤地说。

原来桑桑他们又把陆鹤的帽子抢走了，把帽子挂在了旗杆上，秃鹤很委屈。在一次广播体操比赛的时候，就因为秃鹤把帽子摘掉了，破坏了整体氛围，从而使油麻地小学丧失了拿第一名的机会，大家从此都开始冷落他。可是他不气馁，依旧想引起大家的注意，有一次甚至故意去让狗咬，可还是失败了。终于，一个机会到来了。那次文艺会演，桑桑他们要演《屠桥》，正好缺了一个演秃头的杨连长，秃鹤便理所当然地当上了这个角色。在表演时，秃鹤往台上这么一站，然后把大盖帽一甩道："我扬大秃瓢，走马到屠桥……"把这幅场景演的淋漓尽致。大家又对秃鹤感兴趣了。每个人都有长处和短处，只要努力弥补，寻求他人的帮助，都能获得成功。

油麻地最厚实的一户人家就是杜小康家。杜小康家有油麻地最高人也最结实的房子，还开着一家杂货店，过着油麻地人望尘莫及的日子。可就在那一天，一个意想不到的事情发生了，他的父亲生了一场大病，家里的钱都所剩无几了。在离开学校的最初的日子里，杜小康除了带父亲治病，其余的时间，差不多都在红门待着。学习优异、又傲慢的杜小康本来在红门过着吃得饱、穿得暖、住得好的日子，现在却遭遇了一切不幸。可他并没有退缩，他勇往直前，不怕艰难险阻的前进，这是我们值得学习的地方。

桑桑、陆鹤、杜小康，他们就像我的小伙伴一样亲切，我喜欢他们。

我爱《草房子》。

愿每个人都有一个温暖自己心灵的礼物！

坚持下去

王曼伊

一个经历了八十八个春秋，却度过了八十七个无光、无声、无语的女子。在这样的情况下，她不仅没有放弃生命，而且以坚韧的毅力面对生活。她在黑暗中找到了光明，把慈爱的双手伸向世界，她被评选为美国十大英雄偶像。

"当你为没有一双漂亮的鞋子而哭泣时，你该为你有一双可以穿鞋子的脚而感谢。"正如海伦所说，人们应该为有一双眼睛而庆幸，所以海伦特别珍惜光明。在这本书中，她幻想了三天的光明生活：第一天她希望看清自己最爱的人们的脸，把他们的音容笑貌永存心底；第二天，她希望在影院中度过，感受视觉的美好；第三天也就是最后一天，她希望游览世界感受人们忙碌的生活。

在无光的日子里，她可能失落过，放弃过，但不管怎样她都坚强地挺过来了。她不仅拯救了自己，也拯救了别人。"苦难是人生的绊脚石。"正是苦难造就了海伦的一生。她以自己的所感所知告诫他人，只有强大的内心，才能经得起生活的磨难。

如果每一天都是人生的最后一天，是不是就没有那么多人依靠着毒品麻痹自己，在游戏厅里虚度光阴。而是幡然醒悟人生已到尽头，是不是还有很多事没做，在那段日子里遗忘了什么。而三天光明，对于常人来说只是短暂的一瞬，而对于海伦确是不可触及的渴望。也总有一些人总在埋怨命运的不公，没有赐予自己傲人的容貌，雄厚的钱财，超人的智慧，而从未想过，世界对于每个人都是公平的，只有靠双手才能得到你想要的一切。

重读《假如给我三天光明》，给我很多启迪。对于以后繁重的学习，生活的坎坷，我相信只要坚持下去，一切都会好的。

那片深邃的海洋

神秘与离奇

汤吴以

神秘与离奇，充斥着整个世界……

前世，我是一个信箱。墨绿色的信箱。住在十四岁少女苏菲的屋前。每天都有两三封信塞入我的肚子里。那个男人——四五十岁的样子，戴着蓝色扁帽，帽檐压得很低，遮住了那双深邃的眼睛……棕色与白色。交替的信封中藏着多少秘密？那天，苏菲放学回家，像往日一样查看我，发现了一封神秘的信……

——你是谁？

——世界从哪里来？

无数个未解之谜向苏菲扑来。就这样，她在以为什么导师的指引下，步入了哲学的大门……从古希腊到康德，从祁克里到沸洛伊德等。中世纪的谜团被神秘导师一一破解。我只能看着苏菲拿到信后的兴奋与激动，然后飞也似的钻到密洞里的样子罢了。她是那样好奇，揣着棕色大信封如珍宝似的。从余光中，我瞄到她小心翼翼地揭开信封，一张张雪白的信纸翻开，每当那时，她应该觉得——世界像谜团一般在她眼前展开。一件件神秘而又离奇的事情发生了。我可以看到，风雨交加的夜晚里，雨滴无情地拍打着窗玻璃，树叶在枝上肆意地摇曳着。忽然，一张如叶片似的东西砸到玻璃上，是那样显眼，在

明亮的屋内，这就好比瑕疵，让人看着顿觉不舒服。雨依旧无情地纷飞在无边的黑夜中……

　　苏菲拿下了这个东西。是明信片吧！没有邮戳，没有地址，只有简简单单的一行字。这收信人是别人的名字呀。席德！席德是谁？！上面的生日日期与苏菲的竟出奇地一样！署名是：爱你的老爸。林中的小木屋，是那么神秘。渡湖——苏菲敲响了小木屋的门。门半掩着，她一下子钻了进去，渐渐消失在我的视线中。我正发着呆，一个人突然往我里面塞了一封信，又不自然地溜走了……在苏菲的描述中，我得知。她进了卫生间，看到了一面神秘的镜子，镜中的女孩一直在对她眨眼。洗手台上也放着一个绿色的皮夹。无意中，她发现了一张学生证——席德？！又是席德！苏菲穿过树林，回家了……夜，深了。静，真的很静。苏菲到了教堂，听艾伯特讲中世纪的哲学故事。圣奥古斯丁，曾几何时，在信仰和哲学中徘徊的他，毅然决然地选择了信仰。江边，微吐鱼肚白，在泛着微波的江面上，波光粼粼……

　　一切都是梦吗？席德这位十五岁少女收到了父亲寄来的生日礼物。毕竟是联合国少校，礼物包装得极其精致。她小心地拆开。里面卧着一本讲义夹。一本书？苏菲的世界？苏菲和艾伯特真的存在吗？一个个奇怪的问题在席德脑海中浮现……苏菲，只是活在艾勃特笔下的人物罢了。所有人生活在不同的世界里，神秘与离奇都是艾勃特塑造的吧。

　　哲学不是万灵丹，但是从来不去留意爱好智慧的重要与前人的心得，那么注定将会陷于心灵之封闭与终结。艾伯特让苏菲从困惑到觉悟，点亮了一盏明灯。艾伯特的教育，对于未曾修习过的哲学概论者而言，是绝佳的课程。他的教学方法很特别，让人有一种身临其境的感觉。在谈论中，可以让学生不知不觉懂的知识……

　　不管生活在哪个世界，只要自己有一种求知上进的心，不断汲取知识，也能活出自己的一面，没有观众，自己可以为自己喝彩……

今生，是对事物充满好奇心的小生命，在苏菲的世界中畅游，浪迹天涯……

唤醒内心深处对生命的感叹，不再离奇，不再神秘……

读书声声入我心

李珈源

坐在飞驰的列车上，我远眺窗外，远外一连片起伏的青山，白云在天上悠闲地飘着，不时还有几只鸟儿来回穿梭……

忽然，我的思绪被一阵清脆的琅琅的读书声给扯了回来。动车上还有读书声？

循着声音望去，我看见在车厢的连接处，一对父女正津津有味在看书。他们是我的邻座。

那位父亲在安静地听着，旁边穿粉红连衣裙的女儿，正津津有味地念着，因为用力，两个羊角辫正不停地摇着。

现在在公共场合读书的人太少了！但他们是那样的自然，让人不忍打扰。

过了好一会儿，可能小女孩念得也累了。他的父亲便带着她回到座位上。

"你们不是有座吗？为什么要坐在连接处了？"看见他们回到座位，我忍不住问道。

"这孩子喜欢出声读书，我怕打扰到别人，所以就去那里了。"那位父亲有些不好意思，"打扰到你了吧？真是对不起！"

看着那满是愧疚和歉意的眼睛，我连忙摇头。

"对不起，小哥哥！"那女孩子用清脆的声音跟我说道，"我不再在公共场合大声读书了。"

"不，不，小妹妹，你是对的，你完全没有打扰到我，是我打扰到了你们父女两个啊！我应该向你学习呀。多读书。"

小女孩冲我开心地一笑。

此时，窗外的美景再也没有吸引到我的注意力，因为我知道身边才是真正美的所在：时时处处为他人着想，真是素质体现在细节啊！

怕孩子的读书声打扰到别人，就到车厢的连接处，这份处处为人着想的心意实属难能可贵。即使只是一件小事，也会散发着耀眼的光芒……

窗花里的回忆

包依加

微风拂动，阳光摇摆着身子洒落在窗花上，金色的窗花变得异常动人。

记得那个充满困意的午后，我慵懒地躺在沙发上，疲惫与无趣纷纷向我袭来。这时，我看见年逾古稀的奶奶挪动着迟钝的身子，吃力地走到客厅的安乐椅旁，先是放下手中的蒲扇，然后两手撑着椅把缓

那片深邃的海洋

缓地坐下，接着如同电影慢镜头般的缓缓躺下身子，最后抬起脚丫架在对面的椅子上，徐徐闭上眼睛准备与"周公"相会。

我有意想要逗逗奶奶。于是，在她刚躺下时，便迅速地起身，提着裙子屁颠屁颠地跑到她跟前，奶声奶气地说："奶奶，教我剪窗花吧！"奶奶丝毫不为我打扰了她的清静而烦躁，见我纠缠，便又缓缓地坐起身，摸摸我的头说道："孙女，要想学剪窗花你得先去找材料哦！"说完后，又准备躺下。我迅速地从柜子里抽出一叠红纸，再次跑到奶奶面前。奶奶笑了笑，重新起身穿上拖鞋，坐到她专属的"工作"台前。我同往日一样，坐到了奶奶身上。"哎哟"奶奶叫了一声："乖孙女，你又变重了啊！"我开心又撒娇地嘟了嘟脸。

奶奶把着我的手，握起剪刀，举起一张大红纸，说道："看着哦！先把纸对折，然后……"与其说是奶奶教我剪剪纸，不如说是她在帮我剪剪纸。因为我正晃着脚，思绪乱飞，与奶奶根本不在一个频道上，嘴里还"咿咿呀呀"地哼着歌谣，奶奶却仍然在耐心地解说着。不一会儿，一幅窗花大功告成——一个小女孩依偎在祖母的怀里剪窗花。我举着窗花，大声叫道："哇！我好厉害，终于完成啦！"那一刻，奶奶的眉眼里也洋溢着幸福的喜悦。

此刻，手中我捏着那张窗花，思绪万千。我已不再是个幼稚的孩童，而奶奶也已悄然离开了人世，温热的泪水伴随着我对奶奶的思念顺着脸颊徐徐地滑落。

温暖的怀念

陈一嘉

又是一年雪花吹落的冬季，我独自漫步在小路上，身上冷得在发抖，这让我不免再次坠入那如深深的漩涡般的回忆中……

我冲出家门，手里攥着那张考砸了的试卷，眼泪不自主地滑落脸颊。我不去擦拭它，任凭它滑落。因为，我的心已经冷了。

月亮悄悄攀上树梢，发出缕缕惨淡的光。 突然，"咚……咚……"一阵敲竹筒的声音在这条小路上晃荡，慢慢地由远而近。悄然间，竹筒声来到了我的身旁，抬头一望，是个卖馄饨的小摊。

摊主是一位老奶奶，别看她上了年纪，但整个人显得很精神，灯光下她的根根白发发出了亮光。她一身朴素温暖的毛衣，再套上一条厚实的棉裤，衬得脸庞红彤彤的。老奶奶停下小车，微笑地对我说："孩子，吃馄饨吗？"我想：走了这么久也累了，来碗热乎乎的馄饨可以祛祛寒气。我说："好吧，来一碗。""好嘞！"老奶奶和声应道。

只见她迅速转过身子，疾步地来到车摊前，拎起一张薄薄的馄饨皮，把它摆在手心上，再用小勺子挑起肉馅放在皮上，再麻利地把皮一捏，一朵小巧玲珑的馄饨就诞生了。就这样，十几个形如猫耳，皮如纸薄的馄饨操作完成。接着生火，舀了几勺水盛入锅中，待水烧开，把馄饨就倒入了锅中。馄饨在锅中翻滚着，好像在跳着轻盈优美的华尔兹。没过多久，馄饨就出锅了，白里透红的馄饨，再加上青菜、紫菜、虾皮的点缀，真是让人口水直流三千尺呢！我狼吞虎咽地吃着，老奶奶连忙说："孩子，慢点儿吃，别烫着！""奶奶，馄饨多少钱？"馄饨有点烫，我准备把钱先给奶奶。"孩子，你是从家里跑出来的吧，看你失落的样子。这碗馄饨不要钱，只要你吃着暖就好。吃完赶紧回家啊，听话！"

吃着这碗热热的馄饨，我的眼里已经噙满了泪。我尽量低着头吃，不让老奶奶看见，任眼泪滑落，不去擦拭。因为，那是温暖的泪！我不敢轻易下咽，因为我想细细品尝这特殊的、来自陌生人的爱的味道。

现在，我站在家门外，虽然见不着老奶奶的身影，再也听不见竹筒的声响。但我的心里已经暖暖的了。月亮悄悄爬下树梢，夜更凉了，那份温暖的怀念无处安放。

110

冬日里的暖阳

屠子涵

冬日，还是那样的寒冷，马路上除了车来车往，似乎树叶都被冻僵了。我瑟缩着背着书包去补习班上课。

这时阴沉的天空开始洒着雨点儿，这冬日的天怎么也如三月一般说变就变呢？怎么办？没带伞！我匆匆忙忙地一路小跑着找三轮车。

可是找了好久，也不见三轮车的踪影。看看时间，似乎快要迟到了，我急得直跑。

"小姑娘，上车不？"

我循声望去，一位三轮车夫正微笑着朝我招手。我顾不得想太多，连忙跳上了车，告知了上课的地点，便催着车夫伯伯加速再加速。雨下得很欢，那雨点儿滴落在车顶，发出"啪啪"的声响。终于到了补习班楼下，还有五分钟。真是天助我也！我松了一口气。我正要掏兜，发现兜里只能摸到两个硬币。那冰冷的硬币刺激着我的神经，令我的脸唰的一下红到了脖子根。伯伯见我迟迟没有给钱，笑笑说："孩子，怎么啦？是不是没带钱？"我尴尬地摸出两块硬币，摊在手心，支支吾吾地说："我……我只带了……两块！"我已经做好了让眼前这位大伯数落一顿的准备。可是只见那车夫仍微笑地望着我，说："算了，算了，两块就两块吧！快去上课吧！"我不敢相信自己的耳朵，难以置信地望着他。我这才有机会看清了他的脸：脸上布满了皱纹，颧骨深深地凹了进去，几根银发挂在脸庞，那瘦黄的脸中泛着点儿红润，但却也掩盖不了那几分沧桑。他身着一件打着补丁的白衬衣，一条深灰色的牛仔裤，这让人看着觉得格外清爽。我挠挠头皮，不好意思道："对不起啊，伯伯，要不您等一下，我向同学借点儿给您。"而那伯伯仍一脸和气地摆手说不要紧。

"涵涵，发生了什么事？"我转头，是一诺！她向我走来，我连忙简短地告诉了她。一诺听了，居然二话不说，从兜里掏出三枚硬币，叫住了三轮车伯伯，将硬币塞在了他的手里，并轻巧地说了声："正好五元，对吗？"车夫伯伯憨笑着说："不用不用啦！""要的，要的！您就收下吧！谢谢您！"我听了脸就立马烧了起来，这一声"谢谢！"不正是应该我要说的吗？一诺不仅帮了我，还道出了我的心声。

这时，我忽然感觉周围十分安静，我久久杵在那儿，心中不禁涌

111

那片深邃的海洋

起一股暖流。"愣着干吗？走，上课去！"一诺拉起我往楼上跑去。我紧紧拉着一诺的手，是那么的温暖！

这个冬日，不再寒冷！车夫伯伯、一诺，都如同这冬日里的暖阳，照进了我的心灵……

说谎的启示

施姚艺

112

"什么！两百次！""这根本不可能……"同学们七嘴八舌的质疑声传满走廊。到底发生了什么？

原来，老师让我们把这次考试中错误率最高的那题的答案抄两百遍。还特意强调做错这题的同学一定要用心抄，不能再犯。而取得高分的我正好和这道题"撞"了个正着。这可咋办，这题答案可是三个四字成语啊，算算要抄六百个词，整整两千四百个字啊！真要抄，得抄到什么时候去，即使抄完，估计手都要变形了。我左思右想，矛盾不已：不如就不抄了吧！反正老师也不知道我做错了，就这么办，哈哈，我太聪明了。

回到家，厨房中忙碌的爸爸立马放下手中的活，问我考得如何，我兴冲冲地报出分数。爸爸脸上先是一喜，而后转为平静："对了，老师说要罚抄的那道题你错了吗？"看着爸爸满是期待的眼神，我不知该如何回答，心中仿佛有两个小人在激烈争吵：不如承认了吧！谎言迟早要被揭穿的。可是每个词要抄两百次啊！没关系的就一次而已嘛！我略带心虚地回答道："对，对了呀！"爸爸再次露出了阳光般灿烂的笑容："就知道我女儿很棒的，来来来，把你试卷拿出来，我们一起看看你错了哪里，下次争取考得更好。"一听爸爸的话，我心虚了，可不能让爸爸看见我的错题，我只好遮遮掩掩地说："落在学校了。"说完这句话后，我感觉自己双颊发烫。爸爸不信，坚决要搜书包，我无法反驳，只好同意。

看着爸爸利索地打开书包，一本书一本书地翻过。我开始忐忑不安，额头甚至渗出了些许汗丝，心里默默地祈求着试卷不要被爸爸找到。可是老天偏偏和我作对，让爸爸还是找到了试卷，接着我又挨了爸爸一通思想教育。夜深人静，万家灯火相继灭去，我还在抄着那六百个成语。

有句话说得好，"一个谎言要用一千个、一万个谎言来弥补"。一旦说了一个谎话，就需要用许许多多个违背自己内心的谎言继续编下去。所以，犯了错误就要勇敢地坦白，既不愧对内心，又可以避免无止境的谎言。

只差一分钟

朱娉节

"咚"的一声，动车入口的铁门在我们面前徐徐关上。我们只能唉声叹气，眼睁睁地看着，无能为力。这是怎么回事呢？

回到一天前，我们开心地从北京站坐火车到兰州。预计第二天早上七点半到达兰州，因此我们预定了八点半从兰州到西宁的动车票，我们为妥当的安排很是沾沾自喜。

早上五点，姨父告知我们："这班车可能要延误了，延误一小时左右。"我们大叫："啊！那去西宁的动车怎么办？"火车依旧不紧不慢地往前开着，我心里默默地祈祷："火车你开快点，让我们赶上动车吧。"大概我祈祷的声音太低了，火车还是按原速慢慢地向前开着。

早上八点，小姨让我们起床收拾。我懒洋洋地躺着，我心想：收拾肯定也赶不上了，那就别着急了，我装作没听见。"快点儿，也许我们能赶上去西宁的动车。"妈妈一边对我说，一边收拾行李。时间很快到了八点半，火车才缓缓驶入兰州站，"快点儿！快点儿！"妈妈拉着我出来时，门口已经排着长队，根本挤不出去，只能慢慢地移动。而此时姨父一家已经到了站台，可我和妈妈还被挡在后面，"你们快点儿，入口就在这里。"我听到姨父在前面的叫声。终于下了车，我们提着拉杆箱快速向前跑。"铃铃铃——"一阵铃声过后，铁门就在我和妈妈的面前徐徐关上，不管我们怎么恳求管门大叔，我们还是被关在了外面。

这一刻我呆住了，陷入深深懊恼：为什么我当时不早点儿到门口排队，这样我肯定能赶上动车？为什么就差一步，我就能不能跑快一点？

一步之差，一分钟之差，后面的事情就像多骨诺米牌效应一发不可收拾。我们再一次赶不上改签的动车，车票因此报废，安排好的青海旅程也因此缩水……

看似寻常的一分钟，却是如此至关重要。兰州换乘之事，在我的心里敲响警钟：要珍惜每一分钟。

陆鹤，你好

王姝怡

亲爱的陆鹤：

　　你好！我是在《草房子》里认识你的。我被你的倔强和不屈服深深地打动了。

　　不知什么原因，你的头上不再长发，渐渐秃得光亮，尽管你用了很多方法，比如用生姜搓头皮，搓得通红，也无济于事。于是，你戴上了一顶帽子。还记得那次抢帽子事件吗，桑桑调皮，竟把你的帽子抢过去，然后扔在同学之间互抢。你当然很生气，从那一天开始你就像换了一个人似的，处处与人作对。起初，我还很纳闷，不就一顶帽子嘛！抢就抢了，最后不也还给你了，至于那么生气吗？但是，后来我渐渐明白并理解了你，那不是仅仅是一顶帽子，更是你对自己尊严的维护。那个时候，我不禁为你感到难过。谁不想要一个姣好帅气的模样，可上天偏偏给了你身体的缺陷，你又有什么错呢，为什么要被嘲笑欺凌？

　　我以为，你会因此自暴自弃，但是你没有，你，决定用行动证明了你的实力。

　　你亮出了你的头，冬天人家个个戴帽子，你偏不带戴，冷风被你的倔强击退了。别人不想演坏人头头，你敢演，并且要演得好。你的光头在这个时候起到了作用，他让你更加接近了人物角色。那天你在夜色下练习，天那么冷，你一遍又一遍地练。没有人知道，你为什么要演一个坏人，并且如此努力，只有我知道，那是发自内心的尊严，让你决心在大家面前来证明自己。

此刻，与你相比，我真是自叹不如。我向来乖巧，从来不敢表达自己的不满或看法。很难想象，如果这件事放在我的身上，我会怎样，或许看着别人异样的眼光，我会像缩头乌龟似的，整体躲在壳里不出来，只会唉声叹气。

而你，无所不惧，敢于反抗，只为争取同样的尊重。

陆鹤，你知道吗？当你成功地把一个坏蛋军官演得入木三分时，你躲在河边哭了。那一刻，我为你骄傲。你终于靠自己的努力为这个集体带来了荣誉，也为自己换来了尊重，从此再没有人瞧不起你了。于是，我决心也做一个像你一样的人，不向命运低头，敢于面对成长中所有的挑战。

谢谢你，亲爱的陆鹤，是你给了我勇气，给了我动力。愿未来的路上，让我们见证更美好的明天！

请别对我好

范芷妍

嘴里咸咸的，多久没有流泪了？

今天，是小年夜，多么令人高兴的日子，每个孩子都围在父母身边，十分高兴地笑着。而我的耳朵一直响起那一句句抱歉的声音，突然想起黄昏时小小的尘粒在霞光中翻滚着。

哭什么哭，暗骂自己一声，这又不是第一次爸妈没回家。

放下头发挡住眼睛，可不能被爷爷奶奶看见。

"囡囡、囡囡、快、快出来，看看谁回来了。"听到奶奶兴奋得大叫，我赶紧跑出去，一下子呆住了：是爸妈!

不停地确认，牙齿咬着嘴唇，竭力不让自己发出一声。

五年时间，我长大了，也更冷了。我快要记不起"抱抱、囡囡要抱抱"的撒娇了。

妈妈一个箭步地冲上来抱紧了我，我感到肩膀湿了，原来妈妈哭了。

我竟然没有哭得撕心裂肺，难道是我真的长大了?

爸妈都很奇怪，我竟然没有想着要一直粘在他们身边。

只有我知道，我将自己关在卫生间哭得稀里哗啦，哭完对着镜子傻傻地笑。

117

第三天下午，忽然听妈妈说要给我扎辫子，不觉心里一凉，我木然地坐在凳子上，妈妈的手很温热，我感觉妈妈给我扎了很长时间。

永远都这样，离别的前一天，妈妈会帮我扎头发。

一大桌我平时最爱吃的饭菜，是离别前的补偿吧!

我只是傻傻地笑着，看着爷爷奶奶笑，对着爸爸妈妈笑。

等到晚饭结束，我已经都撑得走不了路了。

"喔喔喔!"当第一声鸡鸣响起，我一个激灵地冲到爸妈房间，行李不在了，床还是温热的；我顾不得换下睡袍，赤脚在崎岖的山路上飞跑着。

爷爷扶着奶奶正对着那巴士挥手。

跑过奶奶我继续向着巴士追去。

"囡囡!"奶奶惊呼一声，想让爷爷把我拦下。爷爷最终还是拉住了我，我没有再追过去，因为巴士已翻过一个山头，不见了！

　　"你对我好……是美好的泡沫，从来都是一戳就破……"旋律在我耳边痴痴地响着。

　　爸爸妈妈，请不要对我好。

118

一个人的路

　　有时静下心来仔细想想，也正因为这些，我才更加明白，也许有些路只能自己一个人走。一个人的路，其实并没有想象中的艰难，或许只有在你一个人的路上，你才能懂得更多的道理，同时也才能找到生活中快乐的源泉。

其实我很在乎

林金汝

"而今识尽愁滋味，欲说还休……"六年级的生活，总会有这样的"朗诵"相伴。

"我不在乎！"我总是大喊一声，来展示自己的霸气。

六年级总是这样早早地学完了课本的内容，为了有充分的时间复习巩固，能够迎接即将到来的招生考。人家此时都倍感压力，有些同学还半夜起来复习。

这种紧张的氛围，有多少大人能懂得我们的心声呢？

我要反抗啊！

每一次的考试，对于我们来说都是一次又一次巨大的压力，生怕状态不好出点儿差错，落得一个月耳根不清净。

考完世少赛之后，我惶惶不能终日，每天都提心吊胆的。我曾多次认为自己没有希望的，也曾多次鼓励自己，这种纠结而又紧张的心理和患得患失的状态持续了几个星期。

而就在今天，成绩就要在网上公布了，正当我犹豫着要不要打开的时候，却一不留神就点了进去。我急忙翻动着页面，内心多么渴望能考上，可是当我看到自己成绩的那一刹那，我懵了！我终究还是没考上，真是造化弄人……

　　我无奈地摇摇头，脸上只有硬撑着的苦笑。早知道是这种结果，为什么还要抱有期望呢？我不断地自嘲着，感觉自己坠入了万丈深渊，泪水不住地往下滑，心里在上演着悲惨的苦情戏……

　　"我们都活在人生的赛场上，只有不断地努力才可能成功。"这样一句话忽然浮现在我脑海里。

　　老师曾劝诫过我们，用功读书，努力学习，才能有更好的成功。这句话我铭记在心。其实，我的内心还是无比渴望考上一个重点初中的，给父母一个惊喜，这也是每个孩子的愿望吧。

　　只是不争气的我，总控制不住自己爱玩的欲望。这也给了我教训——收获了惨不忍睹的成绩，而我还要努力在别人的面前，表现得看似一点儿也不在乎考试。

　　其实我并不愿意这样，只是因为成绩，我慢慢变得自卑、敏感，于是我只能用不在乎来武装自己。

　　我决不能让别人看见我的眼泪。

　　我不能再这样下去了，我要改变自己，让那些坏习惯远去，重新展示优秀的我。

　　请别被我的不在乎迷惑，我愿意努力学习。

　　我已经开始努力了。

121

一个人的路

书桌幻想

王逸天

老师在台上滔滔不绝,我只看着他的嘴一张一合。唉,学习真无趣!

我便低下头,盯着桌子看,然后慢慢地进入了一个神奇的世界。

哇!这长长的,是什么东西?土黄色,像黄土高原一般远阔。

咦!这团黑黑的东西又是什么?像四处逃窜的老鼠,像一团聚集的乌云,像浩瀚宇宙的黑洞?正想着,看到桌子的另一端,斑斑点点,深深浅浅的印迹,有的长,有的短,有的圆,有的扁……凹凸不平,错乱交叉,不禁再次浮想联翩:无边无际的沙漠,高高低低的沙丘,突然狂风大作,快看,沙尘暴来了!那沙漠中的金字塔在四处飞扬的沙子中若隐若现。狂风掀起沙堆,推开沙丘,划开一道深深的沟壑。那深的,浅的条纹,都是狂风留下的无情!这是一场多么惨烈的场面……

噢,再次把思绪拉回,这不应该是桌子要承受的,是谁在它身上留下这般的伤痕?

我记得初见它的时候,那时它有另一番的美丽。一片片黄灿灿的油菜花,挺直腰杆,享受阳光的沐浴,微风的抚摸。一位位美丽的仙子,在花群里翩翩起舞,与美景融为一体,无数的蜜蜂和蝴蝶也来凑

122

热闹了。连孩子们也都被吸引而来，奔跑着，欢快着……这一幅多么生机勃勃的画面，真是"儿童急走追黄蝶，飞入菜花无处寻"。

曾经的画面是如此的美好，可现在它却是这副模样，想来它本该被善待啊！这是谁的错呢？

学会接受

项晨哲

学会接受，也是一种成长。

窗外的阳光越来越猛，豆大的汗水顺着我的脸颊不断流下。

"哎，这天气也太热了吧！"我抱怨地说道，"要是能去游泳该多好啊！"

"赶快写作业，"就在这时，妈妈微笑着走过来，"写完，下午带你去游泳！"

妈妈的话，就像冰淇淋一样让人兴奋。我放下心，专心致志地写起作业，一刻也没停过。以前两个小时的作业，今天半小时就完成了。

刚吃完饭，我就迫不及待地对妈妈说："妈妈，去游泳吧！"

顺着妈妈手指的方向，刚才还是太阳高照，咋一转眼就乌云密布呢？"轰隆隆——"几声巨响，我的心顿时和天空一样变得黑暗。

还没来得及发脾气，就见大雨倾盆而下，窗外的树叶被打得一直在晃，突然垃圾被吹得漫天乱飘。看着这昏天黑地的可怕景象，我瑟瑟发抖，内心惶恐。

一想到我的游泳计划要泡汤，我的泪水情不自禁地涌了上来，我在地上翻滚，号啕大哭。

眼见得天空没有放晴的希望，妈妈也是知道我的，就坐到窗前不理我。半个小时后，我从地上站起来，洗脸。

妈妈看我平静下来，告诉我下周放假，一定带我去游泳。

我知道妈妈的承诺就是安慰我的，不一定管用。但看着外面的天，我只得无奈地点点头。妈妈看看我的眼睛红红的，就对我笑笑，我也笑笑，这一个笑容让我的心情顿时感觉好受多了。

我知道妈妈的意思，当无法改变结果的时候，接受现实是最好的选择。

生活中总有计划赶不上变化的，学会去接受，也不失为一种明智！

124

见　　证

郑博阳

一年一度的运动会来了。而我，非常荣幸地成了班里的跑步运动员。

比赛就要开始了，我站在起跑线上非常紧张，腰弯着，时刻准备着听那一声号令。我双手紧紧地握着，手掌心都被抓出指甲印了，但是我却毫无知觉。腿上的肌肉紧紧地绷着，我像把弓箭，拉紧了弦，等待着发射。我大门牙使劲咬着下嘴唇，眼睛死死地盯着终点线。耳朵竖起来，生怕听不到哨声。

随着"砰"的一声，比赛开始了。那些紧张感都抛到了九霄云外，我就像只猎豹一般冲了出去。我飞快地跑着，一只脚刚落地，另一只又紧跟着迈了出去。我的手臂越摆越快，风在耳边呼呼地吹过。头发也随风飞了起来，尘土在我的脚下飞快地舞蹈着。我的眼睛瞪得大大的，使劲盯着终点，很快我就把对手远远地甩到后面去了。

只剩最后一圈了，我的力气也快用完了，双手更是像霜打的茄子一样，没有一点儿力气。双腿似乎有千斤重，不管怎样用力也抬不快了。豆大的汗滴从头上一点儿一点儿流到脸上，再从脸上掉到操场上。心脏"砰，砰，砰"地快速跳动着。我大口大口地喘着气，运动量已经到达了极限……

眼看着对手们都已经到达了终点，我想起了爸爸妈妈对我的鼓励，老师对我的信任，同学对我的期待。于是，我咬紧牙关，往前一冲，终于到达了终点线。但，我只得了最后一名，可是我却听到了全场为我响起的掌声。

我努力过，拼搏过，战斗过！你看，那一滴滴的汗水是我努力过的证据，那一次次的抬腿是我拼搏过的证明，那一次次挥臂更是我战斗过的见证！

我感到虽败犹荣！

母亲的希望

陈苏楠

    我的母亲快四十岁了，脸上已不如从前光滑，细小的皱纹无情地爬上了她的眼角。母亲是个实打实的家庭主妇，但她总是对我说："苏楠，你一定要好好学习，争取考上好学校，为我们争口气！"

    作文是我的软肋，母亲为此也操碎了心。记得一个冬天的夜晚，我想买一本罕见的作文大全。便在晚饭后独自跑了几家书店，但寻找无果，只好拖着疲倦的身体回家。回到家里，我无力地跟母亲报了声平安。这时在厨房忙碌的母亲似乎看出了我的不对劲，耐心询问了我事情的来龙去脉后，就放下手中的碗筷，抓过毛巾粗略地擦了擦手上的水。安慰我说："苏楠，你先去先完成作业，妈妈这就给你去买。"说完，转身骑着电动车就出去了。

    写完作业，迟迟等不到母亲回来。便来到家门口等待，徐徐寒风迎面吹来，我冷得瑟瑟发抖。我脑海中闪现出那娇小的母亲，骑着电动车从一家书店到另一家书店，询问了一个营业员又一个营业员的场景。这时，猛地想起母亲匆忙出去时只穿了一件单薄的毛衣。妈妈不会冻着吧？我心想。

    不一会儿，一束强光射进我的眼睛，我知道是母亲回来了。只见她嘴唇被冻得青紫，额头上蒙着一层薄薄的汗丝。她看我出来，赶紧

126

让我回屋里去，顺势将那本我苦寻已久的作文大全交给我。我接过那本书，仿佛此刻手中拿的不仅仅是本普通的作文书，还有母亲的真心和那一片真诚的期望……想到这儿，我眼眶湿润了。

过了几个星期，我写的作文荣获了"状元"称号，母亲得知这个消息后，脸上绽放出来了鲜艳的玫瑰花似的笑容。

母亲，女儿定会实现你的愿望，使玫瑰花在你的脸上永远绽放！

一支饱含深情的钢笔

李以则

我的妈妈是个普通的会计。从我出生起，妈妈便开始忙碌于工作之中。从早上七点一直工作到下午五点，靠着她那微薄的工资，支撑着我们半个家。

虽然很忙碌，很辛苦，但妈妈并不是一个软弱的人，她十分乐观，用她坚忍的意志，不停地帮我计算着那一串串的深奥的数字。

没上大学这件事成了妈妈内心最大的遗憾，所以她便将上大学的希望寄托在了我的身上。

终于读完幼儿园，顺利进入小学。而这个阶段则是妈妈实现心愿旅程中比较关键的时间段。妈妈为了让我有更有效的学习，四处打听寻找优质的辅导班，对比各辅导班的优劣，辅导课程规划是否合理，每一次选择总是那么慎重。此外，她还常常咨询身边有经验的朋友，哪些书、哪些方法有利于学习。并一一记录在她那本厚厚的笔记本上。闲暇时就为我去买那些书籍、练习册。而当我写这些作业时，妈妈总是默默地陪在我身边，拿着笔同我一起演算。一旦我有什么疑惑，妈妈就能第一时间帮我解决。看着妈妈认真的侧脸，我不禁想：这还是大人吗？你明明是一个认真学习的"小学生"啊！

为了鼓励我好好学习，她特意拜托在国外的朋友为我精心挑一支钢笔。由于时差问题，妈妈不得不在深夜和朋友沟通、讨论钢笔款式以及所刻名言的内容、字体等。钢笔终于拿到手里了，我知道那不再是一只普通的钢笔，那里面饱含着妈妈殷切的期望。

忙碌的生活的虽然消磨了母亲美丽的脸庞，但永远磨灭不了母亲对我的浓浓的希望与爱。

母亲，儿子定会圆了您的心愿……

机会是给有准备的人

陈依依

机会，是留给有准备的人。生活，就是这样，它很公平，每个人都有同样的机会，只是看你是否能把握住。

还记得有一次，我与许多同学报名参加了学校里的唱歌比赛。回家后，我便兴冲冲地拿起音乐书，随意地翻几次唱几声就认为自己已经唱得很好了，然后就把此事抛到了九霄云外。时间流逝着，一切都是那样的平常，直到比赛那天。"请参加音乐比赛的选手到音乐教室集合。"响亮的广播声在耳边响起，此刻，我才意识到，自己还没有

准备音乐曲目！但在铃声的呼唤下，我只好先来到音乐教室。打开门的那一刹那，我惊呆了：大家都穿着美丽的演出服装，唯独我还穿着一身普通的运动服。每个人都自信满满地歌唱着，练习着，唯独我的脑中一片空白。

我低下了头，拿了椅子坐在角落里，听着那优美的歌声，我不禁心慌起来：怎么办？我没有准备歌曲，一定会被大家嘲笑，被老师批评，亏我还是个好学生。他们都唱得那么动听、优美，我又怎么比得上……一大堆问题在脑海中浮现。紧张、害怕，这种种念头使我禁不住颤颤发抖。这时，老师来了，她坐在我的身边，亲切地问："依依，你准备歌曲了吗？"我突然一惊，吞吞吐吐地说不出话来，老师又拍了拍我的肩膀说："老师信任你，你一定能唱好的，别太紧张！"听到这里，我的鼻子一抽，眼珠子一转，眼泪哗哗地流了下来。老师见此连忙问道："怎么了？为什么哭了？"我捂着脸，没回答，转身就向教室外跑去，老师跟了过来，她对我说："孩子，你一定是没准备吧？其实，机会人人都有，能否把握机会取决于你自己的态度，你的态度怎样，结果就会怎样。"我一听，惭愧地低下了头。

是啊，人人都是有机会的，但只有你时刻做好准备，那么成功才会属于你！因为机会只属于有准备的人！

我的"坏"妈妈

朱轩毅

别人都说我的妈妈温柔贤淑，可是在我眼里她却是个十分严厉的"坏"妈妈。

她自己个子并不是很高，所以十分担忧我也会长不高。每天嘴里叨念着"儿子一定要长高，要长高。"于是妈妈在网上搜索了一大堆"长高秘诀"。再从这些中挑选出最能有利于长高的方法，在我身上实施。买来一大堆的长高用品，什么钙片，牛奶，牛初乳…… 让我苦不堪言。这还不算，妈妈好像又特意整我似的，竟让我每天跳绳一千五百个。我每天故意拖慢我写作业的速度，并跟她讲一些乱七八糟的东西。希望哪天她能忘记跳绳这件事。可一向记忆不好的妈妈却把这事深深的烙刻在心头。我只好痛苦不堪地跳起来。我都要被累垮了。可她却依然紧紧地监督我，想偷懒都不行，用她的话说："只要坚持跳绳，长到两米也不是梦想。"我这是受的哪分罪哟！

我眼睛似乎天生就不怎么好，看书久一会儿就会感到十分劳累。现在近视了，妈妈更加着急。一次，我写完作业津津有味地看起了电视，等我正着迷时，妈妈怒气冲冲地迈着大步走了过来，毫不留情地按下了电视总开关。阴沉着脸气呼呼地说："看很久了眼睛打算还要不要。"我听了泪直流，走进房间生闷气。过了半小时，妈妈推开门

含着歉疚说："妈妈也是为你好，你眼睛眼压都有点儿高了，电视看太久了，对你的视力非常不好，为了爱护你的眼睛，我只能不让你看电视了。"唉！妈妈说得也在理，我不接受行吗？可是心中总是暗暗想：真是一个坏妈妈。

可是仔细想想妈妈种种"坏"的背后，却藏着对我深深的爱。难怪我一直依恋她，热爱她！突然觉得家有"坏"妈也是福。

一个人的路

叶悦悦

这条路你还能一直陪着我走下去吗？

过去啊，他们大手牵着小手，在这条路上走着。到了，为他背上书包，就这样远远地，静静地，面带微笑着看他走了进去。大手在空中随着风不停地摇摆着。苍劲而有力，这是那小手的保护伞，遇到危险的时候，它就将小手笼罩在自己的保护之下。

现在啊，路依旧还在，可是小手已经变成了大手，再也不是曾经那双大手所能覆盖的了。而在现在的这双手上，悄无声息地多上了几本书。可是他却不知道，那大手正在后方默默地注视着他。于无形之中继续保护着他。

将来啊，不知道这条路是否还在，但无论是哪里的路都要自己走了。也一定会有一双小手再出现，只是曾经的小手又会上演上一段与大手的故事。

　　独自一人在路上走着，都说你的心情如何，你所看到的天空也会是怎样的。这天像是早已看破了我的心情，可它却又偏偏不配合我。阳光映衬着白云，在天空中自由地飘荡着。鸟儿似是在与它玩着捉迷藏，若隐若现。这一切都是这么得美好，唯独我的心情。

　　尽管如此，我却依旧愿意，独自一人走在这一段路上。眼泪还是不争气地落下，我没有去擦拭，只是任由它在微风中随意飘着。如果我听了妈妈的话，就不会只顾玩耍；如果我没有只顾玩耍，就会认真的学习；如果我认真学习了，就不会考差；那也不会像现在一样难过。但如果终究只是如果。因为考试的失利，我的脸上就失去了往日的喜悦。有时静下心来仔细想想，也正因为这些，我才更加明白，也许有些路只能自己一个人走。一个人的路，其实并没有想象中的艰难，或许只有在你一个人的路上，你才能懂得更多的道理，同时也才能找到生活中快乐的源泉。

　　在这条路上，有多少人会目送着你离开的背影，但你也会因此前往那只有你自己的路。

　　什么路啊，只能你自己在。

孩子与大人

赵若绮

　　所有的大人都曾经是小孩，虽然，只有少数的人记得。

　　这是一个平实的故事，一个童话。但这仅仅是一个童话吗？它用那么平实的语言，来向你倾诉着一些隐藏在事实背后的东西，那些眼睛看不到的东西。就像小王子所说的：真正重要的东西是看不见的。所有的大人都曾经是孩子。

我们做过孩子。是的。有时为了一颗丢失的糖果而哭泣，有时为了一条花裙子而开心的孩子。我们那曾经还是孩子的世界里，太阳不一定是金色的，圆的，月亮可能会睡着，草不一定是绿的，只要愿意，我们可以让它像鲜花一样微笑。但是我们长大了。

就好像修伯里所说的那样，长大了的我们只关心我们字典里那所谓"重要"的事情，那些跟数字有关的东西——年龄，金钱，成绩。长大了的我们就用着大人的眼睛来看待这个世界了，变成了遵守"规律"的忙碌者。

我们开始体会不到一些细小的快乐，我们开始丧失一些灵敏的感受，我们开始丢掉了自我。我们开始，开始——长大了。

小王子是个小小的忧伤的人儿，柔情善感，让人心疼。他用他旅行的故事，来让我们在他的经历中，又找到了一些曾经的感受，那些曾经的天真与感动。

是从什么时候开始，我们想象力的翅膀就开始变得羸弱，甚至到了最后，我们完全丧失了它呢？是从什么时候，我们开始仰望星空，却感觉只能看到星星而不是许多善良的眼睛在眨动？是什么时候，我们开始认为天空就是蓝色草地就是绿色，又是从什么时候开始，我们开始以为世界就是它所看到的那个样子，而再没有多余的思考和想象了呢？

长大了，是吗？如果给你选择的权利，不知道是否愿意，再用孩子的心去感受一下，或许可以是绿色的天空？

够了！够了！

林明哲

潜水艇的创意，只独属于儒勒·凡尔纳的《海底两万里》吧。

我们跟随着生物学家阿罗纳克斯教授，一起认识了鹦鹉螺号的尼摩船长。

虽然我不知道尼摩艇长的身世来历，但我知道他一定有一段故事在心中。

"生活在海洋中吧！人只有在海洋里才是独立的！在这里，我不听命于任何人！在这里，我是自由的！"这是神秘的尼摩船长的内心告白吧。

这个跟整个人类断绝了关系的神秘人物，他也许是因为对以丑恶势力为代表的人类文明的厌恶，才远离人类，远遁大海的吧。只是可惜，大海虽能给予他心灵上的安宁，可尼摩内心大抵还是一个孤独的人吧。

我之前一直以为尼摩是个冷淡、不近人情的人，可当鹦鹉螺号到达锡兰岛，艇上众人步行到海底的采珠场时，却突来了一只鲨鱼，尼摩挺身而出，杀死鲨鱼，救下采珠人之后，还送给了采珠人一包珍珠维持生计。尼摩船长当时没有一丝犹豫，没有一丝害怕，我想，他应该从未想过，从未担心过自己的性命吧，在那一瞬间，尼摩是"霍地"站直身子，"举着"匕首，朝那大怪物"直扑"过去。这是需要多么大的勇气啊！我感受到了，尼摩内心原来也是有柔软的一处的；感受到了，尼摩也是有这样温柔善良的一面。

可是，在鹦鹉螺号遇上海上敌人时，尼摩又是这么残忍，击毁了一艘又一艘船只，那些船上，可是一个又一个鲜活的生命啊！

"我就是法律！我就是正义！""我觉得，与其成为这场我们无法判断它是否正义的复仇行动的同谋，倒不如与它一起毁灭的好。""全能的上帝啊！够了！够了！"……

尼摩是可怜的，他一直在仇恨的情感漩涡中挣扎，他矛盾过，他痛苦过，可他无可奈何……

我的心情很沉重，脑海里却魔怔似的徘徊着：够了！够了！

我知道，我对尼摩船长的研究必将继续，我将要去理解这颗心灵的矛盾之处。与此同时，我将能更好地对待我的生命。

责任·爱

戚欣维

哀悼我们逐渐泯灭的童心，因为你的责任与爱。

很幸运，能有一朵玫瑰花相伴。还是因为误会，你离开了自己的B-162小行星。你先后游历了六个星球，最终来到了地球。

狐狸是被你驯养的，他说，对你照料过的东西要永远负起责任。

你似乎懂了，原来，是因为责任，你才和玫瑰分开的呀。

小王子，你的眼睛就是我们的眼睛啊。

一个狂妄自大的国王，一个财迷心窍的商人，一个消磨光阴的酒鬼，一个循规蹈矩的点灯人，都是我们的写照。

小王子，你的灵魂，仿佛天空中的一颗高洁的小行星。你的心敏感，脆弱，深情款款。属于你的爱情，必然不是平凡生活的柴米油盐，而是星辰的光辉。你说，沙漠之所以美丽，是因为在沙漠的某个角落隐藏着一口井水。你的爱情经过多少次的伤心，千万里的跋涉，甚至生死的考验，你才能找到你独一无二的玫瑰花。你是一个让人忍不住想照顾的人，你身边从来不缺乏爱情的火花。但是，这一切对你而言都是过眼云烟。当你遇见那个独一无二的人，你会全心全意地相信，哪怕付出全部生命也要留在她的身边。

最后，在离开你的星球一周年之际，毒蛇帮助你"摆脱躯体的重量"，回到你的B-612，回到你的骄傲而脆弱的玫瑰身边。

你走了，就像卖火柴的小姑娘飞向与奶奶在一起的没有寒冷没有饥饿的世界一样，你奔向了永恒的爱。留给这世界的只是金色的麦田和一园子无关紧要的玫瑰花。还有我们在徒劳地哭泣。而我们就像渴望被驯顺的狐狸一样，对着麦田思念着你金色的头发。

因为你，我相信沙漠里确实藏着水井，因为你听到过辘轳在风中的声音，并饮了那令荒漠变得美丽的甘泉。

悲凉的，凄惨，是你那彻骨的忧伤。爱的沉重只有你自己知道吧。

有人为你那摄人心魂的忧伤而心悸，也有人为你纯洁而执着的爱而感动。

你懂的，本质用眼睛是看不见的，只有用心才能看清楚。

小王子，你的爱，爱得深沉，但它，却给了你责任。

表弟是个玩具控

鲍弈慎

小林丸是我表弟，虽然才八岁，却是一个大名鼎鼎的神童。

我这个别人家的孩子，一直对自己的优秀，很有信心，琴棋书画样样精通，跆拳道轻而易举就拿到了绿带，写出来的作业也常常令人拍案叫绝，堪称完美。

可是在他面前，却是弱爆了。除了少数几项，小表弟做什么都是第一，满分。满分啊，苍天啊！

哼，我就不相信，找不到他的弱点，什么把柄啦。终于，我发现了新大陆。

一次，我去他家作客，并且带了一个小玩具作为礼物送给他，没想到他竟然极为感兴趣。只见他突然眼睛一亮，像中邪似的狂叫着："玩具！玩具！"就好像发现了一个宝贝似的，二话不说扑向了玩具，死死地搂住玩具不放，仿佛玩具就是他的命根一样。

我几乎要昏厥过去了，没想到这样的一个小天才居然对玩具情有独钟。在兴奋之余，我决定要更加深入了解小林丸的"玩具世界"，也方便我更好地抓住他的弱点。

我先在他的卧室里发现了琳琅满目的玩具，什么变形金刚、铠甲勇士、机关枪……应有尽有，简直是一家玩具商场。

后来我不经意间听到，一次小林丸在玩玩具时失手打碎了一个玻璃瓶。姑妈火冒三丈，决定要惩罚他，让他从吃饭与玩具中选一个。小林丸"大义凛然"地选择了玩具，然后心痛地把自己闷进房间了。

小林丸对玩具的喜爱简直可怕。后来有一次，我失手将小林丸的"霸王龙"拆掉了一条腿。本来开心的小林丸，顿时笑容荡然无存，双眼通红，像一只愤怒的豹子，咆哮着要找我拼命。姑妈吓得赶紧跑出房间看怎么回事，看到地上的情况立马明白了，却怎么也安慰不了他，最后只得把他拖进了房间，答应给他再买新的才停止。弄坏了他的玩具真是太可怕了。

探知他的秘密后，我不禁开始窃喜，幸好有玩具癖好，我才没被他甩得太远。

有这么个强大到恐怖的表弟，真不知是喜欢还是喜欢呢？

138

争抢遥控器

周若楠

我想要看《巴拉拉小魔仙》，妹妹却想看《小猪佩奇》。

本来说好让她先看一集，然后我看。谁想一集结束，妹妹却耍赖，非要看两集。

我很生气，叉着腰，清了清嗓子，装作一本正经的样子说："你的已经看完了，快把遥控器给我！" 妹妹满不在乎，朝我做了个鬼脸，嚣张地说："不给！不给！我就不给你，有本事你来抢啊！"

　　我感到怒气涌上心头，便像老虎一样扑了过去，妹妹却以迅雷不及掩耳之势将遥控器藏进衣服，一溜烟便跑楼上去了。我三步并作两步地冲上了楼，使出了第一招，挠痒痒。我的手飞快地挠着妹妹的脚心，妹妹溃不成军，笑得前俯后仰，手都像是陷进了棉花里，没了劲。遥控器"砰"的一声掉在了地上，我立刻抓起遥控器，准备逃之夭夭。

　　这时，妹妹也使出了招数：抱大腿。她紧紧地抱住我的大腿，还一个劲地说着甜言蜜语："好姐姐，你最好了，把遥控器给我吧！"我一心软，松开了遥控器，于是妹妹在我愣神之际又抢走了遥控器，小狐狸一般地笑眯眯说："嘿嘿，你上当了！"

　　我气得七窍生烟，使出了颇具威力的一招：洗脑。我不管三七二十一，对着妹妹便絮絮叨叨地念了起来。妹妹像在听天书似的被我说得头晕眼花，居然，主动将遥控器递给我。我内心狂笑，接过遥控器逍遥快活去了。

　　妹妹缓过神来便使出了最后一招：哭！那哭声震耳欲聋，几欲响彻云霄，我的心被震得一直在怦怦跳。

139

　　终于，妹妹的号啕声把妈妈引来了。她大声地批评我和妹妹："你看看你们不知礼让，只想自己，不顾别人。"

　　最后妈妈拿着遥控器美美地看了一下午的肥皂剧。哎，真是鹬蚌相争，渔翁得利啊。

争夺大战

蒋慧慧

三个孩子一台戏。

昨天，我家又发生了争电视遥控器的"战争"。

晚上，我刚写完作业，心满意足地看着自己喜欢的电视节目，心中美滋滋的，没有什么比完成任务后的放松更让人惬意了。不巧的是，弟弟也写完了幼儿园的作业，便跑到客厅来，他刚开始没有要抢遥控器的意思，我猜他是想和我一起看的，之后姐姐也写完了作业，也跑了过来。人员凑齐，一场"大战"即将开始。

只听见"啪"的一声，说时迟那时快，遥控器一下子到了姐姐的手里，她换了个频道。我这才缓过神来，发现手中的遥控器消失了，一看，竟在姐姐手里，着实气愤，就伸手去夺。姐姐实在狡猾，身子微微一闪，轻轻一窜，我扑了空。呀，真是气死我了，我怎能善罢甘休，一个饿狼扑食，追了过去。她比我大，力气也比我大，跑得自然也比我快，我用尽全力，却怎么也追不上她。眼看着我马上就能追上她了，正要伸手去抓姐姐的衣服时，谁知她突然来了个急转弯，一下跑了出去，累得我气喘吁吁。

弟弟倒好，躲在角落，看着我们俩追逐，趁姐姐朝他跑过去时，他突然伸手，将遥控器一把夺过，紧紧搂在怀里，像老母鸡护小鸡仔

似的。但姐姐人高马大，三下五除二就把遥控器抢了回去。弟弟终于使出了终极绝杀——号啕大哭。那声音响彻云霄，地震山摇，邻居跑过来问："你家怎么了啊？"姐姐碍于面子，只好把遥控器给了弟弟，弟弟这才停止了哭泣。笑呵呵地跑去看电视了。

"姐姐，你看这个，这个好看。"那笑嘻嘻的模样便是在向两个姐姐挑衅，但看着他淘气的样子却又再难发怒起来。

战争，总会在这最小的赢家的哭声中，落下帷幕。

谁是弱者？

捉 迷 藏

叶默阁

要说最好玩的游戏，就数和邻居好友，还有爸爸们一起玩捉迷藏了，总是乐此不疲。

这不，游戏又开始了。第一轮爸爸们先藏起来，我们三个小朋友来找。没一会儿，就听到爸爸们的喊声："开始啦！"我们三个立刻起身，一拥而出，分头找了起来。

我来到客房，先扫视一遍，看起来没有什么异样，心想：他们一定是藏在了一个十分隐蔽的地方。我走到床边，轻轻地掀起床单，低头一看：咦？没有人。我又转身，悄悄打开衣柜：诶？也没有人，那会是哪里呢？这时，我看到客房外边有一个大阳台，就蹑手蹑脚地走到阳台边，小心翼翼地掀开窗帘，打开玻璃门，探出头看了看，还是没有。最后连洗衣机也不放过，打开盖子：哎！怎么都没有人呢？排查无果，看来没有人藏在这个房间，我失落地走出房间。偏偏这时彤彤叫了起来："耶！阿彬伯伯找到了！""哦？这么快，在哪里？""在客厅的窗帘后面。"我要加把劲了，不能落后，于是又继续找。

哦！还有楼梯下还没找。我赶紧跑到楼梯下，只见那里堆满了旧纸盒、水枪、柜子……我一个都不能放过，还把它们依次摇了摇，确定没人。唯独有个大箱子，怎么也搬不动，于是打开盖子一看，"咦？这不是吗？"我一边惊喜地指着箱子，一边大声地叫道，"小桐爸爸原来躲在这箱子里呀！"小伙伴们被我的叫声吸引了过来。看到叔叔那么高的人竟能躲进这么小的箱子，我忍不住笑着说："像只大乌龟哈，您是怎么钻进这个箱子里的呀。"伙伴们听了更是哈哈大笑起来，直喊着："乌龟叔叔出来咯！……"

闲暇时候，捉迷藏，给我们带来了无尽的乐趣！

寻找世外桃源

　　时间不断地过去，我已经飞行了九年，而我的生命即将达到是十年的寿命终极。但我还在路上！我再一次站在了电线上。我的家，我的世外桃源还在前方吗？茫茫的远方，我看不到尽头。

小狗"妙妙"

李奕妤

　　我家有一只聪明可爱、灵气十足的萨摩耶犬，它是我生日的时候爸爸送给我的生日礼物。它是只母狗，我就给它取名叫"妙妙"。

　　它长着一身雪白的皮毛，像穿着一件毛茸茸的狐皮大衣，看起来真像个贵妇。它的耳朵可有趣了，长长的耳朵耷拉下来，听到一点儿声响，它的耳朵就会警惕地竖起来。

　　"妙妙"虽然长得很漂亮，可是它一点儿也不讲卫生。有一次，我带妙妙去外面散步，它看到一个泥潭就兴奋地冲了过去，我怎么拉都拉不住。它跑进泥潭里，打了好几个滚，玩够了就从泥潭里爬起来，转身向我跑过来。我拼命地躲闪，可还是躲不过它的"魔爪"。它把自己的爪子当印章，泥巴当印泥，在我雪白的裙子上印了好几下。不一会儿我裙子上就到处布满了妙妙的"印章"，它很得意地看着我，估计是把自己当明星了，把我的白裙子当成了它的"签名板"。我真是哭笑不得呀。

　　到饭点了，我使劲拉着妙妙的狗绳，想把它拉回家，可是妙妙还没玩够，竟然耍赖皮地躺在地上不肯起来了，我只好用尽全身力气连抱带拽地弄它回家。

　　回家后，我就把妙妙带去洗澡。妙妙走到它的"浴室"里，一动

不动地站好让我给它冲水洗澡。一股股黑黑的脏水流下来，终于洗干净了。我正想用毛巾把妙妙擦干时，调皮的妙妙突然使劲地摇晃起它的身体，想抖掉它身上的水珠。顿时水珠四溅，溅得我浑身都是水，这下妙妙是真干净了，而我却成了十足的"小花猫"。

我家的妙妙虽然调皮，却又是那样的天真活泼，惹人喜爱，因为它，我的生活也变得更加丰富多彩了！

乌龟的心思你别猜

叶一维

你了解乌龟吗？

我养了两只乌龟，一只叫大绿，一只叫小绿，很明显，是根据它们的颜色取名的。他们身穿一件墨绿色的"外衣"，上面镶嵌着好多六边形花纹的鳞片，像公园里铺满鹅卵石的小道，显得魅力十足。那一条条腿，在壳的四个小角落，小巧玲珑，可爱极了。它平时就安安静静地待在盆子里，就像一个安静的婴儿。

一天晚上，我偷偷地看着这两只乌龟，只见小绿两只前脚一伸，放在了大绿那绿得发黑的龟壳上。这是要干什么？该不是要欺负大绿吧？这可不行呀。接着小绿又灵敏地把脚一蹬，猛地扑上了大绿的背上。呀，这时大绿动了，它带着小绿慢慢悠悠地走，一直走到了盆的边沿。明明小绿在欺负大绿。可它为什么一点儿也不反抗呢？难道，它们要越狱？我的心头怦然一震，要不要赶快拦截呢？但是万一错怪它们怎么办？哎，还是再看看吧。这时小绿前脚已经搭上了盆边了。呀，果然如此，还以为你在欺负大绿呢，想不到你们是商量好了，合起伙来逃跑呀。

在这千钧一发之刻，我准备阻止小绿往外逃。哪知，小绿在攀墙而逃的时候，大绿不干了，转身就要走，站在背上的小绿没反应过来，一不留神栽了一个跟头，摔了个四脚朝天，"哈哈"我不小心笑出了声，看来两个家伙没有商量好，或者，大绿在想，你逃走了，我怎么办？于是这次"逃狱"行动以失败告终。

这时，它们似乎才发现我在旁边一直在观看它们。它们便立刻装回了憨憨的样子，想来刚才偷偷摸摸的行为被发现，一定特别尴尬吧，真是太有趣了！

它们真的是在"逃狱"吗？

机灵的小兔子

包佳卉

在一座神奇的森林里，有一只狡猾的狐狸和一只机灵的小兔子。

一天，阳光明媚，小兔子一边唱着歌，一边在一棵大树下采蘑菇。这时一只饥饿的狐狸路过正好听到了歌声，就顺着声音跟了过来。它一看，原来有一只小兔子正在采蘑菇呢，狐狸心里美滋滋地想："这么大一只兔子，够我饱餐一顿了。"正在狐狸想入非非的时候，小兔子忽然发现了狐狸。小兔子很害怕，但它还是告诉自己不要害怕。它晃了晃长长的耳朵，突然想出一个好主意，于是它对狐狸说："狐狸哥哥，你在这里干什么呢？"狐狸擦了擦口水，假装镇定地说："兔妹妹，我在寻找好吃的蘑菇呢！""狐狸哥哥，我刚才看到了一个吃了可以变成大力士的蘑菇，你不是想成为一个大力士吗？"小兔一本正经地说。狐狸心想："如果真有这种蘑菇，那我吃了就更容易地抓到这只兔子了。"于是，狐狸高兴地说道："兔妹妹，真的有这么神奇的蘑菇吗？""当然有啦，不信我带你去看。"

说着，小兔子就把狐狸带到了茂密的草丛里，并摘了一个鲜艳的蘑菇给狐狸说："狐狸哥哥，你看，这个就是那种神奇的蘑菇。"狐狸看了看心想："我先吃这个蘑菇，等我有了力气，我就把你吃掉。"想到这里，狐狸便兴高采烈地把蘑菇吞了下去。小兔子却高兴得一蹦三尺高，说："你中计了。"狐狸看了这情景，才发觉自己受骗了，便生气地说："兔妹妹，你竟敢骗我……"话音刚落，狐狸的嘴里就冒出了白泡，中毒而死。

不久，森林的动物们都知道了小兔子智斗狐狸的故事，对它的机智十分佩服，都称它为"森林英雄"呢。

147

那只孤独的小猫

黄舒怡

那一次，我在车底下发现了一只可爱的小猫。

我想，为什么它要躲在车底下，难道是因为新生的它对外面的世界感到陌生？对，肯定是。

　　我想让它见见外面的世界有多么美好。于是，我把它赶出车底，让它感受凉爽的风。但是，它毫不领情，又钻回车底。

　　我又想，是不是因为附近有狗，怕狗咬它，所以不敢出来。我决定把狗赶走，于是我跺了跺脚，那条凶狠的狗就跑了。

　　我又来到车旁，这次我一伸手，把它从车底拉了出来。可它却拱起身子，突然鼓身子，发出怪异的叫声，用爪子挠我。看来它生气了，我不由地松了手，它"嗖"的一下，又钻回了车底。

　　我继续想，它也许是太孤独了，没有伙伴的陪同。

　　这次我对自己的猜测信心满满。便把我家的猫也抱到车底下，本以为它们会玩得很开心，互相打声招呼，成为好朋友，可没想到，当我往车底一看时，它们俩正用爪子互相拍击着对方，打起来了！我无可奈何，赶紧把我家的猫抱了出来。

　　看来我又搞错了，也许这只猫只是想躲在车底下避暑，太阳太猛了，车底下应该凉爽一些，或许也不是这个原因……

　　那只孤独的猫，我时常还会想起它。

还是忘不了

陈柳伊

　　我总是忘不了若含，她有一双水灵灵的大眼睛，犹如一块闪耀的宝石；鼻子的下面有一张殷红的小嘴，如同樱桃一般，笑起来特别

甜，令人过目难忘。

若含喜欢看书，一有空总是捧着一本书。于是在喧闹的教室里，你总会看见人群中只有她静静地坐在位置上，双手轻轻托着书本，明亮的大眼睛紧紧盯着书面，眼珠子随着那一行行的字专注地移动着。尽管教室很吵，她也总是一声不吭，达到了一种忘我的境界，仿佛这个世界上只有她和书，而她已经和书融为了一体了。

"丁零零，丁零零。"上课了铃声似乎无法唤醒沉醉在书本中的若含。只有当五六个同学大声喊她的名字时，她才从书的世界里恋恋不舍地走出来。我心想：她真是个小书虫呀！

又一个课间开始了，若含又拿起书来看，看得还是一如既往地认真。只见她一边看，一边拿出笔马不停蹄地抄写着。那样子就像是要把这些词句深深地刻在心里。如果你仔细听，说不定还可以听见写字的"沙沙沙"声呢！

中午放学了，她走路的时候她还是捧着书，恨不得书中有个洞能让她穿越到书中和主人公们一起生活。记得她还曾经和我说过：她想和蝙蝠一样有超声波，能够检测到前方的障碍物来防止摔倒。我心中想：走路也看书，迟早要摔倒，难怪她会有这么"美好"的愿望。

149

时间流逝着，转眼间从中午到了下午，下午最后一节课是自由活动课，若含又静静地捧着书，坐在位置上，享受她和书的幸福时光！

我想，许多年以后，我还是忘不了这个恬静、爱看书的女孩。

难忘那次比赛

黄嘉倪

在我的记忆的秘密花园中，有许多珍贵美丽的回忆，也有让我刻骨铭心的记忆。而让我难忘的，便是那一次的钢琴比赛。

记得那是钢琴考试的前几天，妈妈叫我要认真练习乐曲，好将考试一举通过。我自以为是地认为我的乐曲已经弹得即流畅又悦耳了，便悄悄地走进房间，像个小偷似的四下张望，悄无声息地锁上房门，蹑手蹑脚地走向书架，轻轻取出一本书，放在钢琴架上，一手开始弹琴，一手按着书本看。时间在不知不觉中过去了，眨眼便已经过了几小时。我又弓着身，弯着腰，蜷着背，像只虾似的走到书架前，踮起脚将书放回书架，打开房门告诉妈妈我练好钢琴了，妈妈信以为真，便放任我做喜欢的事。

几天过去了，到了考试时，我紧张起来，心像只小兔似的狂跳不止。轮到我时，我脑中那些美妙动听的音符早已不知所踪。只能在琴键上乱弹一气。

当妈妈知道我的考试没及格时，她惊呆了，两只眼睛茫然地盯着我。那张曾经充满期待的脸此刻写满了"失望"和"不可置信"。这时的我羞愧难当，恨不得能找个地缝钻进去，脸上仿佛被火烧了似的烫，却有豆大的冷汗流下来。我知道自己错了，后来我十分诚恳地向

妈妈道了歉。妈妈原谅了我，但告诉我，做事一定要认真，诚实。如果不认真，不诚实，受累的只能是我。我用力地点了点头记下了这些话。

做事三心二意终究无法成功，我辜负了妈妈对我的信任，我也欺骗了我自己。那件事令我终生难忘，它时刻鞭策我要做一个懂得坚持，懂得努力的孩子！

魔 方 比 赛

朱珂皓

"哇！好多人呀！他们会不会都是高手呢？我能不能比得过他们呢？"晚上，我怀着紧张又激动的心情来到乐清参加魔方复原比赛。紧张是因为自己只是一名初学者，手法还不够熟练；激动是因为又见到魔方老师了，还能与师兄师姐们同场竞技。

比赛之前，老师为了缓解我们的紧张情绪，鼓励我们："小朋友们，今天十几位报名了的同学临阵退缩，打了退堂鼓，可是你们勇敢地来了。所以，无论最终成绩如何，你们都是最棒的！"我听着老师的话，心中充满了信心。

比赛开始了，选手们按抽签顺序依次上台比赛。我在台下静静地坐着，目不转睛地盯着台上选手的表现。只见魔方在他们手里飞快地旋转。一位小妹妹贴着退烧贴也坚持来参加比赛，虽然速度很慢，但我心里也忍不住为她的坚强而默默鼓掌；还有位小弟弟因为紧张而发挥失常，在老师的鼓励下，他重新调整呼吸，最终取得了一个不错的成绩。

时间在激烈的比赛中快速飞逝，轮到我上场了。我装作镇定地走上台，将魔方各个面都仔仔细细地看了一遍，想好怎么最快做出"黄心白花瓣"。然后，我将魔方放在桌上，把手按在计时器上。绿灯亮起，老师喊"开始"，我马上拿起魔方，飞快地转了起来。魔方的颜色五彩缤纷，在我手指的带动下，魔方的图案也不停地变换着，犹如一朵朵盛开的鲜花，又像预祝我胜利的烟花。"上拨下回"发出的声音也显得非常的清脆悦耳，像极了为我加油的阵阵掌声。时间在紧张的气氛中一秒秒过去，我离成功也一步步接近。"啪"的一声，我把复原的魔方放在桌上，拍下了计时器。一分四十八秒！我发挥出了自己的正常水平。紧接着第二个魔方复原开始，我更加努力地放松自己，调整自己的呼吸，将心思全部转移到手中的魔方上面。最后，我只用了一分二十三秒！我竟然在比赛中玩出了自己的最好成绩！我欣喜若狂，爸爸妈妈也为我的表现感到惊讶，纷纷为我竖起大拇指。

比赛结束了，虽然我没取得比较好的名次，但我还是收获了很多：不怕困难、自信……这些远比名次珍贵的多。

一只杯子的自述

余勤浩

我是一个杯子，静静地站立在桌面上。

我看见一个身着白色卫衣的人，坐在了我的面前，他左手托腮，仿佛在思考着什么。突然他的脸在我的眼前迅速放大。什么！他竟然要亲我，哎呀，我的清白啊！他的嘴唇轻轻地贴上了我的脸蛋。忽然，他的嘴里产生了一股强大的推力，朝我推来，险些将我推翻。来人啊，有坏人！

　　我赶紧调整重心让自己不要摔倒。我的内心翻腾着，久久不能平静。就说他为什么要无缘无故地亲我，原来，他图谋不轨呀。还好我的功底深厚，才逃脱了杯毁人亡的命运。我喘息着，平抚着自己的心情。

　　他见我没有摔倒，他眼底里竟然流露出一份失落。失落！他竟然真的要抹杀我。你个卑鄙小人居然敢偷袭我，有种就来堂堂正正的决斗一场啊！这之后他似乎陷入了沉思，我则警惕地做好准备。

　　忽然，他的手向我伸来，一只抓着我的胳膊，一只抓着我的头上的盖子，然后他用力一拧。只见他鼓着腮帮子用力地朝我的身体里面吹气。我纹丝不动，依然站立在那里。就凭他也想比过我？真是想多了。看着他沮丧的神情，我心情大悦。

　　忽然，他拿起一张纸，折了几下。哈哈，就算你找帮手也是不可能打败我的，更何况你竟然找了一张薄薄的纸来当你的帮手，我看他来给我挠痒痒还差不多呢，放弃吧，我是不可战胜的。

　　他折好了纸，就算你折一条龙出来也打不过我的，放马过来吧！他把我拿起来，放在了那张纸上。这张纸用来当坐垫也不舒服，你确定要用它来战胜我，太不自量力了吧！他又鼓起了腮帮子，瞪着眼，锁着眉头，用力一吹。什么？一张纸竟然能产生这么大的力量。我被吹得向后仰了一点儿，差点儿摔倒了。

　　不过，虽然你能将我吹动，但你能吹倒我吗？他又吹了一口气，我还是未倒。你啊，还是别白费力气了，我是不会倒的。他用尽了全了，猛地一吹。

"咚！"我重重地摔在了地上。这怎么可能！他露出了得意的笑容。没想到一张小小的纸，也能产生这么大的力量，是我大意了。

其实就算事物再微小，也能爆发出惊人的力量。只要人们能够得到有益的启示，我纵然被吹倒一千遍，也值了。

鹦　鹉

陈　炫

八岁那年，爸爸笑着将一个黑布竹笼递给我，里面装的是一只鹦鹉。

它是那种普通的绿鹦鹉，有着白色的眼眸，草绿色的绒毛和红爪子。但它又是那么的瘦弱！尾巴耷拉下来，它进笼后从未挣扎过，我想大概是因为没有力气了吧。

你要照顾好它，让它开心快乐，爸爸告诉说我。从此，放学回家后我就待在那个笼子的旁边看着我的鹦鹉，或是飞奔到家里放谷子的大木桶中，抓上一把谷子，喂给鹦鹉吃。奶奶说这个大米，贵！那好吧，我就拿便宜的。听爸爸说，家里有一袋子过期的大米，我就拿那东西喂它。它的嘴可巧了总能把谷子的皮吐了，但我总是帮它，亲手帮它把皮剥掉，再喂给它。每次妈妈穿着拖鞋看到我在剥谷子时，都会说，傻孩子，这鸟儿的嘴巴可比你的手巧多了！可我不听，仍爱着我的小鸟儿。

一次，我呆呆地望着它那日益翠绿的羽毛，心想鹦鹉不是会说话的吗？我为何不去训练一下我那心爱的小鸟儿？可是我发现我错了，我心爱的鹦鹉仿佛不知道我正在教它说话。每当我拿着刚剥好谷子放在它跟前，在它面前"啊啊"地叫时，它都心不在焉，甚至趁我不注意时猛地一下朝我手中的谷子啄去。渐渐地，我明白了，我养的可能是一只的哑巴鹦鹉。

好景不长，一次回家，爸爸走过来对我说："小鸟想飞，你让它走吧！"我下意识地握紧了手中的谷子，问道："为……为什么？""小鸟想回家，我们看到它在撞笼子。""不要，爸爸！"爸爸语重心长地劝着我，可很是难受，最后，我还是猛吸了一口气，让自己不再抽泣，然后在爸爸的陪同下，打开了那个笼子。它兴奋地朝我"喳"了一声，飞走了。我想，三个月来这是它第一次朝我叫。我还一直都认为它是一只不会说话的哑巴鹦鹉。

我很想念我的鹦鹉。就在我以为它会忘了我。有一天，它回来了。

它回来过，是的，我记得，那天天很晴，它就站在那高高的枝头，神气地唱着歌。

我喜出望外，忙跑到放到放谷子的木桶中，手拿一大把脱了皮的大米撒在路上。它"咻"地落到了我的面前，开始叨米，很急切。我的鹦鹉瘦了吧？咋吃那么快？

忽然眼前一个黑影一闪，它被一只大黑猫咬住了。等我反应过来，嘴里衔着鹦鹉的大黑猫，早窜得没了踪影。

想着它刚才的一声叫，我的心突然疼得厉害：我的鹦鹉，它死了吗？

很久以后，我才渐渐平静下来。我开始思考一个问题：它是想我了，还是想食物了？蓦地，我悲伤地发现，是我害了它啊！

以后我家再没养过宠物。

一次难忘的体验

周曙涵

盲人的世界会是什么样子的?

对于健康人来说,当一次"盲聋人"也许是一个挑战,会发生什么有趣的事情呢。我们都期待自己成为"盲聋人"。

我们被领到了教室外面的走廊上,每个人发到了一条红领巾,要求,用红领巾蒙上眼睛。刚刚眼前还是"晴空万里",可现在却一下子成了"漫漫黑夜"。突然胸有成竹的我,竟然在伸手不见五指的情况下,有些忐忑不安。

突然听见老师大声宣布:"请各位同学通过触觉和听觉回到教室,找到自己的座位。"

如果是平常,老师的要求太简单了,轻而易举地做到,可是现在不一样,什么都看不见。虽然知道自己在走廊上,却不知道教室的门口到底在哪个具体的位置上,前面有什么,教室离得近不近,都成了一个个大问号。我缓缓地走着,生怕下一刻就会一不小心撞到头,或踩到别人的脚。只听到身边有的同学"啊!"一声惨叫,便知有磕碰到了。正想着,"砰"的一声,这回轮到我撞上了一个不明物体。忍着痛,我伸手细细地摸着,是什么东西,滑滑的?百思不得其解,要是有一双眼睛,何必如此费劲?我踏着小碎步继续慢慢移动步伐。一边走着，一边在心里告诉自己："涵涵，不要怕，你是最勇敢的！"

突然，我又触到了一个滑滑的东西，推了推，还会动，一阵欣喜："原来这是教室的门啊！"我继续走着，想找到我的位子，这时没想到被一个人撞到了。"谁！"我高声喊道。只听那人嘻嘻地笑，这声音似曾相识，却不记得是谁，唉，要是现在有一双眼睛来帮忙，早就一眼认得，何苦这么费劲？突然想到，对了，我桌子上放了块手表，找到它就行了。我一直暗喜，忙一张一张桌子地摸索着。笔、铅笔盒、橡皮、本子……怎么都不是啊！正当我开始慌乱时，我摸到了一个环形的东西，那不就是我的手表吗？太好了，大功告成！我终于找到了自己的位子啦！

唉，盲聋人可是不容易啊！没了眼睛，生活是那么困难啊！单单在教室里我们就已经乱了阵脚。想象刚才的我，多么渴望能得到别人的帮助。我只是一会儿的"盲聋人"，就这么不便，那么真正的盲聋人，该是多么需要帮助呀。

小伙伴们，你知道怎么做了吗？

寻找世外桃源

谢雨悦

我是一只乌鸦，我的家没有了，可我只想活下去。

依然记得，那一阵恐怖的锯木声时时响在我的耳边，我曾经所在的森林，那些已经有一百多岁的大树一棵接一棵倒下。我的家没有了，我看着孩子们那未风干的羽毛，它们还无法飞行，我却无能为力。我的嘴被咬破了，一滴血滴了下来，我的心很疼很疼。

我听见无数的鸟在哭泣，我知道人们听不见这些声音。我们的家园在渐渐地变小，如今我们无处安身，唯脚下那根细细的电线。

我向着远方飞去，想要寻找一个地方可以栖身，哪怕只是一棵树，一根枝，只要能够安静，能够远离人群。我忽然想起，先祖曾说起有一个世外桃源，那里是所有生命的天堂，可是它在哪里，谁也不知道，它可能遥不可及。

我管不了那么多，展开了翅膀飞翔。

一路上，我遭遇了无数的风雨，也看见了很多死去的同伴。有多少回，我都筋疲力尽，总想要沉沉睡去。因为太疲惫，我曾渴望就此睡去不再醒来。但当我睁开眼睛，我还是向着前方飞行。我坚信，远方的远方一定有这么一个地方，那里是我所期望的世外桃源……

时间不断地过去，我已经飞行了九年，而我的生命即将达到是十年的寿命终极。但我还在路上！我再一次站在了电线上。我的家，我的世外桃源还在前方吗？茫茫的远方，我看不到尽头。

这时冰冷的雨打下来。我的身体被淋湿了，此时的我，也已经疲惫不堪，再也无法再承受什么。

我眼前模糊了，我似乎垂直地坠了下去，在落下的那一刻，我看到了自己的羽毛散了一地。

这时我的眼前似乎出现了一片绿地，那里鸟儿们开心地飞翔，花朵开得鲜艳……

胖 大 海

周航宇

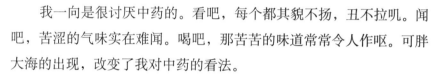

　　我一向是很讨厌中药的。看吧，每个都其貌不扬，丑不拉叽。闻吧，苦涩的气味实在难闻。喝吧，那苦苦的味道常常令人作呕。可胖大海的出现，改变了我对中药的看法。

　　我手中的胖大海穿着一件棕褐色的外衣，只有一个拇指般大小。它是椭圆形的，让人不禁联想到一颗风干的红枣或者晒干的橄榄。细细摩挲，仿佛是在摸历尽沧桑的老树皮，又像在摸百岁老人皱巴巴的手。一闻，一股那甜中带酸的中药味便扑鼻而来，也瞬间让人觉得神清气爽。轻轻一敲，清脆悦耳的声音传来，仿佛在向我问好，真是有趣！

　　我倒了一杯开水，将胖大海放了进去。随着"咚"的一声，胖大海像跳水运动员沉下去又马上浮了起来，它静静地躺在水面上。不久，它开始像小鱼一样往外吐泡泡。过了一会儿，小小的胖大海像个口渴的孩子喝足了水，开始膨胀开来，肚子鼓鼓的，竟撑破了外衣，吐出了它那棕色的棉絮似的果肉。我仔细地观察着，生怕错过了精彩的瞬间。只见胖大海不停地喝水，不停地膨胀，将它皱巴巴的紧身"外衣"完全撑破了。此时的它像一个可爱的小绒球，又像一朵含苞欲放的菊花。终于，胖大海变完了"魔术"，完成了它的华丽转身。

 159

它静静地浮在水面上，那么宁静，那么可爱。现在的胖大海就像一朵欣然怒放的菊花，又像一朵轻盈的蘑菇云，还像一只棕色的小水母漂浮在水面……

胖大海虽不是花，但比花更珍贵；虽不及金，却比金有价值。为了人们，它选择在滚烫的开水中释放自己，这种无私的精神令我赞叹。

我不再讨厌中药了。

偷还是不偷

王儒乔

你偷吃过东西吗？

你还记得纠结在偷还是不偷里的滋味吗？

我的胃不好，夏天一吃冰的东西就会肚子疼，可我偏爱吃冰棍，于是妈妈便把冰棍送给了表妹，但还有两根落在了冰箱里，我却看得分明。

下午，妈妈和小姨去逛街，就我一人在家，我暗喜，偷冰棍的好时机到啦！我大步流星地冲下楼，迅速钻进厨房，打开冰箱翻找。当我激动地手抓冰棍，就要撕开包装袋时，内心却打起了退堂鼓：吃吗？上回因为这样，肚子痛得死去活来，那种滋味十分不好受呀！吃吧，冰棍那凉丝丝、甜丝丝的味道能给人带来天堂般的享受。

就在这时，黑恶魔和白天使就出现在了我的身边。"吃吧，吃吧，你不是很喜欢吃冰棍的吗，就按我说的做！"黑恶魔的声音极具诱惑力。"不可以，不可以，你吃了会肚子疼的！你忘了妈妈上回为你焦急的模样了吗？"白天使轻柔的语气中带着焦急。

"吃啊，你只有这一次机会了，别忘了你妈妈说过再也不给你买冰棍了！"

"吃！机不可失，失不再来！我喜欢吃冰棍！"我大声地说，抓起冰棍，就往楼上跑。

还没等我喘口粗气，我突然发现冰棍刚才还十分漂亮的装扮，这时已变得面目全非了。因为着急，我一直握着它，导致它加速融化了。

看着冰棍，我没有多想，就冲回了厨房，把冰棍狠狠地塞回了冰箱……

妈妈回来，专门检查了看我有没有吃冰棍。看到还有两根冰棍时，妈妈高兴地对我说："儒乔真棒，没有偷吃冰棍。"

我胜利了！我被妈妈表扬了。

以后，每当想要偷吃时，我都会想起这一次的经历，真的，我再也没有偷吃过。慢慢地我的小胖墩的身材不见了。

我庆幸，在关键的时刻，我战胜了自己，在成长的这张试卷中，多得了一分。

朋友们，你们有我这般类似的经历吗？

总会有办法

李唯一

怎样办好黑板报真是一个大问题！

这次的黑板报十分特别——老师不参与，全部让我们自己来搞定。

作为主编的我，看到同学们的积极性都很高，我便对着大家说，"人多力量大"嘛！

开始作画了，我信心满满地拿起粉笔打算大显身手，但问题接踵而至。同学们都来帮忙了，十几个人在黑板前齐刷刷站成一排，这让我怎么画啊？而且这么多人，刚涂上去的颜色立刻被另一个手肘擦了，这不是白费力气吗？唉，干脆先让大家画吧。

于是，我默默地退到了一旁，先喘口气。大半节课过去了，我再一看：天哪！站在黑板边围满了人，大家里三圈外三圈，还不时地说笑打闹着，这让我如何是好啊？我瘫倒在地，完全失去了原来的热忱。

晚上，我躺在床上琢磨：明明大家都是好心呀，都想为班级尽一份力，怎么就好心办坏事了？我忽然想到老师的口头禅：总会有办法！再看窗外的繁星，不觉眼前一亮。

第二天，我第一个来到教室，擦去黑板报半成品，我先找来文娱委员商量，终于我们选出了三个美术功底扎实的同学，先进行设计，并开始打底框架、写字、作画、涂色等，进行了总体筹划，并做了明确分工。

终于，功夫不负有心人。一个精致的黑板报呈现了在同学们面前，我们听见了惊叹声。我们几个互相对看了一眼，忍不住地欢呼起来。

我成功了！我的心里很是骄傲，更多的是收获。

原来做好事，光有热心是远远不够的，还要懂得与人合作，"团结力量大"是真理。

今后的日子里，我们还会遇到这样那样的困难，只要我们坚信总会有办法，我们就会镇定自己，找出解决的办法。

有舍才有得

张闻诗

抬眼，望见窗前那张蜘蛛网，总不免叹息。

第一次见这张网时，我是那样细细欣赏过这张完美无缺的网，每条线之间的空隙仿佛是经过周密计算过的一样。

"嗬，真是巧夺天工！"我不觉心生钦佩，也很为这只蜘蛛的聪明而高兴。门窗前，真是得天独厚之所，没有风雨袭扰，可谓"一夫当关，万夫莫开"啊！

在往后的日子里，蜘蛛因这网而拥有了丰厚美味的虫子大餐，我为它起了个名，叫"捕虫者"。"捕虫者"每天都在这里守株待兔。后来，随着季节的变化，天气也冷，虫儿少了，还有的虫子们似乎知道这儿有危险，都会巧妙地避开了，它的大餐也愈来愈少。再后来，竟一只也没有了。

我日日见它，总趴在这网眼细密的蛛网上，眼见得它慢慢消瘦了。

"嘶——嘶——"我仿佛又听见它织网的声音，那网现在愈发破烂。可"捕虫者"始终没有放弃这里。"真没见过像你一般笨的蜘蛛，别的蜘蛛都换地儿了！"

当然我的叹息，它是听不见的。

再后来，它和蛛网一起风干了。

我一直都很疑惑，这蜘蛛干吗要滞留于这破败之网呢？干吗不去寻找新的机会？

难道是因曾经的成功而陷入了幻想继续成功的陷阱，被贪婪冲昏了头脑？固守曾经，哪怕现实改变环境改变仍不愿改变。

也许它不懂得"舍得"二字的含义，正因为有"舍"才能"得"呀！

每当内心纠结时，我就会看看窗外的那张蜘蛛网。

我喜欢"出丑"

谭 晓

我喜欢"出丑"。

当明白了"出丑"是迈向成功的一块垫脚石这一道理之后，我就开始喜欢"出丑"了。

上课时，黑板上出现了三个醒目的大字——"扎辫子"。同学们个个用疑惑又充满好奇的双眼打探着老师。

正在我们胡思乱想的时候，大屏幕上出现了两行字"男生为女生扎辫子。老师为女生扎辫子"。只看第一句，教室里就已经翻了天了，天哪，男生为女生扎头发，这辈子恐怕是"大姑娘上花轿——头一次"呀！

老师用期待的眼光巡视着："哪一位女生愿意成为这次活动的助手？"顿时"滚滚雷声"变成了"悄无声息"。台下静得可以听见同学们的呼吸声。老师又询问了一次，可还是没人举手。看看女生们一个个愁眉苦脸，好像吃了苦瓜一样，男生们幸灾乐祸的，眨巴着眼，笑嘻嘻的。哈哈，谁会想上去"出丑"呢？但我的心里有一点儿的蠢蠢欲动。

突然我看见一个女生举起了手，她大方地来到了讲台前，坐到了椅子上，把头发散开。等她坐定后，老师又问："有没有男生愿意来尝试自己从来没尝试过的事情呢？"

这回，轮到男生们胆怯了。教室里更加安静，仿佛空气都凝固了。刚才还等着看热闹的男同学，有的趴在桌子上一动不动；有的直直地坐着，好似一尊雕像；有的埋下头，渴望老师不会发现他。

时间滴答滴答溜走，场面极其尴尬。我暗想：我不会扎辫子，要是被叫到了，笨手笨脚的多丢人。万一扎不好了，女同学生气了，还不得吃不了兜着走？要不，再等等，看看其他男生的表现。此刻，老师那渴望的眼神在四处搜索，多么希望有一个勇敢的人站起来。我的内心这时有一个声音在告诉我："去吧，去吧！去尝试，去挑战！"又有一个声音对我说："不要去，你会没脸见人的！"最终怯懦战胜了勇敢。教室就像被大水冲没的村子，毫无生气。

老师一脸无奈，只好失望地宣布本次体验活动失败。这一刻，教室里比刚才更沉静，我隐约感受到大家失望的心情。好可惜，明明我是渴望去尝试的，可为什么都不愿意举手？我有点恨自己：为什么你那么懦弱？

"第一次"，谁都会出丑，如果要面子，那么你将永远不敢尝试，也将远离成功！出丑，不等于失败。出丑，也许是走向成功的第一步！